가시라도 품을 수 있는 마음

장효수 목사 에세이
가시라도 품을 수 있는 마음

2018년 5월 10일 초판 1쇄 인쇄
2024년 12월 2일 초판 2쇄 발행

지은이 | 장효수
펴낸이 | 김영호
펴낸곳 | 도서출판 동연
등 록 | 제1-1383호(1992년 6월 12일)
주 소 | 서울시 마포구 월드컵로 163-3
전 화 | (02) 335-2630
팩 스 | (02) 335-2640
이메일 | yh4321@gmail.com

Copyright ⓒ 장효수, 2018

이 책은 저작권법에 따라 보호받는 저작물이므로, 무단 전재와 복제를 금합니다.
잘못된 책은 바꾸어 드립니다.
책값은 뒤표지에 있습니다.

ISBN 978-89-6447-406-8 03040

장효수 목사 에세이

가시라도
품을 수 있는 마음

장효수 지음

동연

머리말

　12년 동안 담임목회를 하며 매주일 주보에 목회자 칼럼과 목회서신을 올렸습니다. 칼럼과 서신을 쓰는 것은 저에게는 매주일 힘든 고민이고 작업이었지만, 교인들과 목회자의 마음과 생각을 나누고, 믿음의 길을 함께 걸어가고 싶었기 때문에 꾸준히 해왔습니다. 설교로 다 말할 수 없는 목회자의 교회관과 목회관을 교회 상황에 따라 목회서신으로 썼고, 세상과 목회자의 주변에서 일어나는 삶이 주는 메시지를 칼럼으로 옮겼습니다.

　예수님은 복음서에서 비유의 형식을 다양하게 사용하셨습니다. 그것은 주님의 메시지를 세상 사람들이 이해하기 쉽고, 선명하게 전하기 위한 방법이었습니다. 주님께서 사용하신 비유라는 방식을 배운 저는 지금 여기에서도 주님의 메시지가 온전하게 전해지고, 거룩한 영향력과 도전을 주기 위해서 비유라는 방식은 계속 되어야 한다고 생각했습니다. 그 생각과 마음이 구체화된 것이 칼럼입니다. 목회서신도 마찬가지입니다. 예수님의 부활 후 사도들은 각 초대교회와 믿음의 공동체에게 그들의 구체적인 상황에 대한 믿음의 메시지를 보냈는데 그것이 서신서입니다. 저도 목회를 하며 교인들의 구체적인 상황과 문제에 대해 목회자의 생각과 도전을 기록하였는데 그것이 저의 목회서신입니다. 그것은 교인들과 목회자의 소통의 통로가 되기도 했습니다.

목회자 칼럼은 미국과 한국인, 한국교회, 실리콘벨리 산호세라는 구체적인 상황 속에서 경험하고, 읽고, 들은 구체적인 이야기를 나누고, 그 이야기에서 주는 믿음의 메시지를 정리하였습니다. 본문(Text)을 말하고, 삶의 상황(Context)을 설명하는 것이 아니라, 삶의 상황(Context)을 먼저 이야기한 후, 성경과 믿음이 주는 본문(Text)의 메시지를 기록하였습니다. 메시지와 연결할 수 있는 삶의 이야기를 찾기 위해 매일 신문을 읽고, 소설이나 영화 그리고 강의들을 찾아 헤매고 다녔습니다. 자연을 더 깊이 들여다보려고 했고, 직접적인 경험을 위해 여러 가지 도전도 해보았습니다. 매주일 하나씩 써야했기에 정신적 부담감이 무척이나 컸었습니다. 그러나 칼럼을 쓰는 작업이 있었기에 게을러지지 않고 사고의 끊임없는 기경을 했던 은혜가 있었습니다.

이 부족한 칼럼을 12년 동안 읽어준 새하늘우리교회 가족들에게 감사를 드립니다. 나의 친구이자 가족 그리고 교인으로서 나를 부단히 깨어있게 해준 새하늘우리 가족들의 사랑은 영원히 잊지 못할 것입니다. 이 칼럼을 쓰는 12년 동안 곁에서 공동목회를 하며, 나의 부족함을 채워주고, 힘들 때 위로와 격려를 해주던 그리고 항상 내 글을 읽고 다듬어 주고, 끊임없는 대화 속에서 좋은 사고의 도전을 주었던 집사람 이전경에게 감사하다는 말을 전합니다. 평생 목회와 섬김의 살며 내 삶과 사고의 풍성한 뿌리가 되어준 아버지 장만용 목사와 어머니 이종분 사모에게 머리 숙여 감사드립니다. 경동교회에서 제 신학적인 사고와 세상을 볼 수 있는 눈을 가르쳐주신 고 강원용 목사님, 제 목회의 ABC를 애정을 가지고 섬세하게 가르쳐 주신 김호식 목사님, 귀한 목회적 품성을 곁에서 배울 수 있게 해주신 김경재 목사님, 그리고 넓은 마음과 세상에 대한 시각을 열린 마음으로 배울 수 있게 해 주신 채수일 목사님과 사랑하는 경동의 가족들에게 감사의 인사를 드립니다.

600여 개의 칼럼 중에서 시대를 넘어 공감할 수 있는 200여 개의 칼럼을 출판사에서 선택하여 첫 번째 칼럼집을 출판하게 되었습니다. 이 출판을 위해 수고해 주신 김영호 사장님과 재정적인 지원을 해준 분들에게 머리 숙여 감사의 인사를 드립니다. 바라기는 제 부족한 글이 목회자들에게 좋은 도전이 되어 사용되었으면 합니다.

2018년 5월
남원에서 장효수 목사

차 례

머리말 _ 5

1부_ 머문 자리가 아름다운 사람들　　　　　　　　　　　　　11

부부의 얼굴 / 희망의 우체국 / Go & Stop / 부족함의 열매 / 벤치워머 / 우리는 하나님의 나라입니다 / 옐로우카드 & 레드카드 / 줄탁동시(啐啄同時) / 우리가 내야 할 소리 / 작은 빗방울 / 작은 연못 / 부드러운 하나님 / 이에는 이, 눈에는 눈 / 소중한 만남, 하나님의 은총 / 소풍 / 파도에 흔들려도 / 얼짱과 맘짱 / 자기 자신에게 충실한 사람 / 여자와 남자 / 스승에 대한 기억 / 친구 / 한 사람의 중요성 / 가까이 가는 사람들 / 살아있는 쇼윈도우(Show Window) / 행복한 곳 / 직접 만나야 / 군살을 빼야 / 살아있는 보석 / 프로로 살아가기 / 기억에 남는 사람 / 인생 레시피(recipe) / 버려야 얻는 것들 / 점을 찍는 사람들 / 목표 바라보기 / 익어가는 삶 / 안단테와 피아노의 삶 / 취석파옹(取石破甕) / 내 안의 도도새 / 영광의 순간에 하나님 기억하기 / 창조적인 삶을 위한 독서 / 진정으로 보아야 할 가치 / 삶으로 남기는 마지막 메시지 / 자랑스러운 한국인 / 의인 열 명 / 아프리카 사람들의 선한 마음 / 위대한 여행 가이드 / 앞으로 살릴 수많은 사람들 / 빈자와 부자 / 김연아의 발 / 한인 양로원 / 무릎을 꿇은 스님 / 코호트 격리와 우리의 영웅 / 한국의 젊은이들이여 / 시리아 이민자 스티브 잡스

2부_ 희망은 절망이 간직한 꿈　　　　　　　　　　　　　　　123

새 술은 새 부대에 / 씨앗과 같은 희망 / 새로운 눈 뜨임 / 내일을 볼 수 있는 눈 / 아이들이 함께 뛰어노는 꿈 / 내일을 내다보는 투자 / 땅을 탓하지 않는 농부 / 복된 죽음 / 희망(Hope) / 천천히 살기가 주는 선물 / 두려움을 이기는 법 / 어설픈 삶이 주는 희망

3부_ 보시기에 심히 좋았더라   149

깊이 뿌리박힌 대나무 / 진정한 한 줌의 소금 / 영광굴비와 하늬바람 / 김에 얽힌 사연 / 캘리포니아의 사과 / 김치병 / 숨죽은 배추 / 무쉬포크 / 작은 벌레 / 복숭아씨 /까치밥 / 단심가(丹心歌) / 아름다운 만남 / '~하자'의 힘 / 동행인(同行人) / 일곱 가지 흔한 실수들 / 더불어 서 있는 나무들 / 토끼와 거북이 / 산호세의 천문대 / 소금의 단계 / 사용할 수 없는 물 / 두 마리 늑대 / 잡초 제거

4부_ 즐겁게 일할 수 있는 방법   197

어울림의 삶 / 뿌리에 집중하는 삶 / 삶과 사고의 표현 / 칭찬의 기쁨 / 세상을 변화시키는 한 사람의 친절 / 작은 사랑, 큰 행복 / 도덕성이 밥 먹여 준다 / 건강 재테크, 영적 재테크 / 두려움 넘어서기 / 믿음의 역청 / Blessing in Disguise / 홀리파워(holy power) / 천국 비자 / 오르막길과 내리막길 / 새끼 꼬기 / 사람의 이목을 두려워하랴 / 거룩한 동업자 / 회복탄력성 / 시들은 국화꽃 / 미움을 넘어서는 사랑 / 가시라도 품을 수 있는 마음 / 즐겁게 일할 수 있는 방법

5부_ 함께 가자 우리 이 길을   243

함께 가자 우리 이 길을 / 나비효과 / 버팀목 / 지지목 / 테레사 효과 / 숭본식말(崇本息末) / 양봉음위(陽奉陰違) / 통즉불통 불통즉통(通卽不痛, 不通卽痛) / 지록위마(指鹿爲馬) / 잔디 깎기 부모(lawn mower parents) / 비교문화(比較文化) / 편견

6부_ 나의 주인은 유대인 목수입니다   269

Mother Hospital / 로드맵(Roadmap) / 더 강하게 만드는 실패 / 단순한 삶 / 은사가 녹슬지 않게 / 새로운 습관, 새로운 삶 / 용서가 가져다주는 평화 / 다양한 은사 / 교육 목회의 기쁨 / 스님과 구세군 자선냄비 / 실패를 두려워하지 않는 용기

1부

머문 자리가
아름다운
사람들

부부의 얼굴

얼마 전에 어느 집사님 부부와 식사를 하면서 우연히 두 사람의 얼굴을 가까이서 유심히 보게 되었는데 얼굴이 비슷하다는 느낌을 받았습니다. 때때로 부부들의 얼굴을 볼 때가 있는데 왠지 모르는 비슷함의 느낌을 받곤 합니다. 결혼할 때의 사진을 보면 전혀 다른 얼굴이었는데 많은 시간이 지난 지금은 왠지 모를 비슷함이 있는 것을 보면 신기하기까지 합니다. 오랜 시간을 함께 지내면 부부의 얼굴은 닮아간다는 옛말이 틀리지 않은가 봅니다. 얼마 전 과학자들의 재미있는 실험을 읽은 적이 있습니다. 서로 각기 다른 남녀 11명에게 부부 160쌍의 사진을 뒤섞은 다음 인상이 닮은 남녀들을 고르도록 했었답니다. 남녀 11명이 인상이 비슷한 사람들을 찾아낸 다음 결과를 보니, 관계없이 인상이 비슷한 사람들이 있었지만, 서로 닮은 것으로 지목된 사람들 가운데 실제 부부들이 놀랍도록 많았다는 것입니다. 부부는 오래 살수록 닮아가는가 봅니다. 결혼생활을 하면서 부부가 서로 웃고 즐긴다면 결국 인상이 비슷해져서 둘 다 좋은 인상을 갖게 될 것입니다. 부부의 얼굴은 두 사람 사이의 사랑이 어떠한지 잘 보여주는 거울입니다.

가족들도 마찬가지입니다. 엄마와 아빠 사이에서 태어나기에 얼굴이 닮기도 하지만, 오랫동안 함께 살아가면서 가족들이 만들어나가는 얼굴과 느낌이 있습니다. 교회 가족들도 오랫동안 함께 삶을 나누며 사역을 하다보면 얼굴은 다르지만 사람에서 나오는 느낌은 비슷해지게 됩니다. 우리가 주님을 알고 믿으며 함께 동행하는 삶을 오랫동안 살아가면 우리의 얼굴과 느낌이 예수님과 비슷한 인상을 세상 사람들에게 주어야 할 텐데 제 자신이 그런 인상을 다른 사람들에게 주고 있는지 생각하면 부끄럽기만 합니다. 매일매일 나와 함께 하여 주시는 주님을 정말 닮고 싶은 간절함이 있습니다. 그런 향기와 느낌을 만들어 보고 싶은 마음입니다. 주님의 말씀을 더 깊이 생각하고 말씀대로 실천하며 사랑을 나누는 적극적인 삶을 살아가다 보면 주님을 닮아 갈 것이라 소망하고 있습니다.

한평생 함께 살아가는 부부가 서로 아끼고 사랑하며 한 길을 간다는 것은 참으로 아름답습니다. 이번 주에 목회자 계속 교육이 있었는데 그중의 한 프로그램이 목회에서 은퇴하신 목회자들과의 대화 시간이었습니다. 함께 참여했던 은퇴 목사님 7분이 차례로 지금 목회를 한다면 어떻게 목회를 할 것인가를 나누고 현역 목회자들이 질문하는 시간으로 나에게는 감동적인 시간이었습니다. 은퇴 목사님들은 이민교회 초기의 어려운 상황 가운데서도 사명감을 가지고 교회를 일으킨 목회의 지혜를 애정을 가지고 나누어 주셨습니다. 마음속에 간직했지만 교회 상황 때문에 펼치지 못했던 목회를 말씀해 주시는 분들이 있었습니다. 몇 분의 목회자들은 대부분 40여 년의 목회생활 가운데 제대로 가족들을 돌보지 못한 것, 특히 이민교회 속에서 사모님들을 너무나 고생시켜서 힘들게 하신 것을 마음에 무거운 짐으로 가지고 있었습니다. 미국에서 선교사로 일본에 파송되어 10년 이상을 선교사로 사역했던 목사님은 교회나 선교 상황 그리고 경제적인 상황이 너무 어려워 고통스러웠노라고 그래서 포기하고 싶은 마음을 가진 적이 한두 번이 아니었다고 말씀하셨습니다. 무엇보다 경제적인 문제로 양로원에서 일했던 사모님에게 너무 미안했다고 회고하셨습니다. 그런데 이야기가 끝나자 그 사모님께서 일어나셔서 목회 여정을 짧게 말씀하시면서 이런 말씀을 하셨습니다. 그때 자신은 너무 힘들어 우울증에 걸려 자살까지 생각해 본적이 있다고 하시면서, 그러나 그때 정말 힘들었지만, 어려움 속에서도 목회를 하시던 목사님이 어느 목회를 하던 때보다 가장 자랑스러웠고, 사랑스러웠으며, 존경스러웠노라고 목 메인 소리로 고백을 하셨습니다. 가장 고통스런 시간이었지만, 그때가 주 안에서 가장 기쁨이 컸던 시간이었다는 것입니다. 그러하기에 고통스러웠던 시간까지도 감사하다고 고백하셨습니다. 고통과 기쁨이 어우러진 사랑의 고백이었습니다. 참으로 삶은 아름다운 것이구나 마음속에 읊조렸습니다. 나도 오랜 시간이 지나 고통스런 수많은 시간이 기쁨으로 변했다는 우리의 고백을 만들어 보고 싶습니다.

희망의 우체국

제가 어렸을 때 살았던 시골 고향의 한 구석에 우체국이 있었습니다. 시골 우체국은 그 당시 전화도 담당하고 편지도 담당했고, 작은 은행의 역할까지 했습니다. 우체국에는 우체부들이 있어 가죽 가방에 편지를 가득 담아 자전거를 타고 우리 동네에 편지를 전달해 주셨습니다. 어떤 때는 전화가 별로 없는 그 시대에 전보를 가지고 기쁜 소식, 슬픈 소식을 전해주었고, 서울에서 부모들에게 보내는 소포를 기쁨으로 전해 주었습니다. 동네 사람들을 대부분 알고 있었던 우체부 아저씨는 주소가 틀려도 이름을 보고 전달해 주셨습니다. 지금 푸른 언덕의 집에 매일 편지를 배달해주는 'Ed'라는 아저씨가 있습니다. 점심때쯤 메일을 가지고 와서 우체통에 놓고 창문 너머로 보이는 나에게 "Good afternoon" 하고 외치고는 옆집으로 가곤 합니다. 무척이나 발이 빠른 아저씨입니다. 때로는 매달 돈을 내야하는 청구서들이 있지만, 대부분 좋은 소식을 전해주는 편지들이 있기에 Ed가 오기를 기다리곤 합니다. 내가 보내는 편지들도 푸른 언덕의 집에 있는 우체통에 넣기 때문에 하루라도 늦지 않도록 Ed가 오는 것을 확인하곤 합니다. 편지를 배달해 주는 우체부 아저씨도, 우편배달 작은 트럭도, 우체국도 우리에게 꼭 필요하고 친숙한 사람들이고 고마운 기관입니다.

우리가 예배를 드리는 새 교회 옆에는 우체국이 있습니다. 이젠 더욱 우체국이 친숙해질 것 같습니다. 처음 교회를 방문했을 때 우체국과 우체국 배달차량 그리고 우체국 직원들을 보면서, 담 너머의 우체국은 세상의 소식을 전달하는 우체국이고, 담 안의 우리 교회는 하나님의 소식을 사명감을 가지고 전달하는 복음의 우체국이 되어야겠구나 생각하였습니다. 멋있는 우체국장 예수님의 지시에 따라 이 지역에 하나님의 소식 그리고 사랑의 소식을 전하는 우체부의 역할을 하는 우리가 된다면 근사한 역사가 일어날 것입니다. 생각만 해도 신나는 일입니다. 우리를 통해 하나님의 복음을 전하려는 생명과 희망의 우체국이 시작된다고 생각하니 가슴 뿌듯하기만 합니다. 여러분들은 복음과 사랑을 전하는 위대한 우체부입니다.

Go & Stop

열다섯 살 반이 되는 것을 고대하던 귀래가 인터넷을 통해 운전 교육을 받고 필기 면허시험을 통과한 후 운전면허증(permit)을 받았습니다. 아이가 운전을 시작하면 부모들은 기도를 시작한다고 합니다. 컴퓨터와 게임세대인 요즘의 아이들은 운전 감각이 예전과 다르다는 것을 곁에서 느끼게 됩니다. 귀래는 운전면허증(permit)를 받은 날부터 운전할 기회만 되면 자신이 하겠다고 고집을 부립니다. 내가 운전면허증을 받은 후 한 번이라도 더 운전해 보고 싶은 마음이 간절했던 것을 생각하면 이해가 됩니다. 학교에 갈 때나 나와 함께 어딘가에 갈 때는 귀래에게 운전대를 주고 옆에서 운전교육을 시키고 있습니다. 생각보다 운전 감각이 있지만, 운전을 처음 시작하는 귀래는 운전 경험의 부족으로 인해 많이 미숙한 편입니다. 운전을 처음부터 제대로 배워야 평생 안전하게 운전할 수 있다는 것과 다른 사람들을 배려해야 하며 예의 바르게 운전해야 한다는 것을 가르치려고 노력해 봅니다. 운전을 가르치면서, 앞으로 나가는 'go'와 적절한 곳에서의 정지 'stop'을 한다는 것이 쉬운 것이 아님을 새삼스레 느낍니다. 또한 go 하는 것보다는 stop을 제대로 하는 것이 더 어렵다는 것을 배우게 됩니다. go와 stop을 끊임없이 해야 하는 운전을 보면서 우리 삶을 되돌아보게 됩니다. go를 해야 하는 순간에 제대로 go를 해야 하고, stop을 해야 하는 순간에 바르게 stop을 해야 온전한 삶을 살아가는데, 사람들은 가야 하는 곳에서 정지를 하고, 정지를 해야 하는 곳에서 앞으로 나감으로 인해 성공적인 삶을 살아가지 못하는 모습을 많이 보게 됩니다.

하나님의 말씀과 복음을 전하는 사람들에게 끊임없이 주어진 말은 앞으로 나가라는 명령이었습니다. 뿐만 아니라 하나님의 길이 아닌 곳에서는 하나님의 백성들에게 가지 말 것을, 그곳에서는 정지할 것을 말씀하십니다. 우리 믿음은 바로 하나님께서 go하라는 곳에서 담대하게 나가고, 가지 말라는 stop에서는 순종하며 정지하는 것을 받아들이는 것입니다. 우리 인간들에게 있어 앞으로 나가는 것보다는 하던 일을 stop한다는 것이 더욱 어렵다는 것을 알아야 합니다.

부족함의 열매

　드디어 월드컵 축구의 계절이 왔습니다. 이른 새벽 밤잠 설치고 '대~한민국'을 외치며 4강 신화를 만들었던 한국 월드컵이 얼마 되지 않은 것 같은데 벌써 4년이 지나 이제 지구촌을 흥분시키고 있습니다. 히딩크 감독과 함께 신화를 만들었던 한국팀의 선수들 가운데 몇 명은 4년이 지난 이번 게임에도 더욱 성숙한 모습으로 우리에게 다가오고 있습니다. 이미 세계적인 축구선수로 떠오른 박지성은 그 중의 한 선수입니다. 작은 몸을 가지고, 큰 체구를 가진 유럽 선수들을 헤집고 다니는 박지성은 이미 세계적인 축구선수가 되었고, 이번 월드컵에서 모든 국민들의 기대를 받고 있습니다. 박지성은 작은 몸의 약점이 있는 것뿐만 아니라 운동선수로서는 치명적인 평발이라는 신체구조를 가지고 있습니다. 평발은 군대까지 면제될 정도로, 운동이 아니라 걷는데도 치명적인 조건입니다. 평발은 축구에 부적합한 발로 발의 움직임이 둔하기 때문에 피로를 쉽게 느끼고, 오래 뛰지 못하는 큰 약점을 가지고 있습니다. 그럼에도 불구하고 박지성은 한국에서뿐만이 아니라 세계 축구 무대에서 빛을 내고 있습니다.

그 이유는 어디에 있는 것일까? 전문가들은 박지성의 끊임없는 훈련과 노력이라고 합니다. 평발인 자신의 선천적인 문제에 비관하지 않고, 자신이 좋아하는 축구를 위해 힘들고 고통스럽지만, 다른 사람들보다 더욱 많은 연습을 통해 얻어진 열매라는 것입니다. 며칠 후 독일의 그라운드를 누비게 될 박지성의 야성을 보고 싶습니다.

하나님께서 세상을 창조하실 때부터 완벽한 인간은 없었습니다. 오히려 부족함을 가진 인간을 만들어 겸손하게 살아가도록 하셨습니다. 그래서 부족함은 나만 가진 것이 아니라 모양은 다르지만 모든 사람들이 가지고 있습니다. 이런 인간의 부족함에 대하여 절망하고 포기하려는 사람들이 있고, 부족함이 있기에 더욱 자신을 다듬어 가려는 창조적인 노력을 하는 사람들이 있습니다. 하나님의 창조에는 실수가 없기 때문에 하나님께서 주신 인생을 통해, 부족함을 이겨나가려는 인간의 노력은 하나님의 기쁨이 될 것입니다.

벤치워머

　김두현 김영광 김용대 백지훈 조원희, 이 다섯 명은 익숙하지 않은 이름일 수도 있습니다. 이들은 지난 4년 동안 열심히 땀 흘리며 고통스러운 시간들을 이겨내면서 정성스럽게 준비하여 독일 월드컵 23명의 태극전사에 들어갔던 우리의 자랑스러운 한국 축구선수들입니다. 그러나 독일 월드컵에 나가 본 게임을 뛰어보지 못한 선수들의 이름들입니다. 이들을 사람들은 벤치워머라고 합니다. 벤치를 따뜻하게 하는 사람들이란 뜻으로 후보 선수를 이르는 말이기도 합니다. 이들은 운동장에서 뛰는 선수들보다 실력이 월등하게 떨어지는 것이 아니라, 거의 비슷하지만 약간 차이가 있는 선수들입니다. 혹은 감독의 전술에 따라 대기하고 있는 선수들입니다. 16강에 올라가지 못해 운동장에서 뛰었던 선수들과 모든 한국 사람들이 아쉬움이 있겠지만, 이들 벤치워머들은 우리와 다른 아쉬움이 있을 것입니다. 사람들은 운동장에서 뛰고 있는 사람들에게만 환호와 박수를 보냅니다. 그러나 벤치워머들은 그 환호와 박수를 등지고 있어야 합니다. 그런데 잘 생각해보면 그 벤치워머 선수들이 없이 한국은 월드컵 본

선에 나가지도 못했을 것입니다. 그들이 함께 있어 한국의 축구가 있게 된 것이고, 함께 연습하며 실력을 닦고 때로는 서로의 경쟁을 통해, 박지성이나 이천수 같은 월드컵 운동장의 선수들이 있게 된 것입니다. 그러하기에 우리는 벤치워머 선수들에게 더 뜨거운 박수와 격려를 보내야 합니다.

그들은 안개꽃과 같은 선수들입니다. 자신을 드러내지 않으면서 함께하는 장미나 다른 화려한 꽃들을 돋보이게 하는 아름다운 안개꽃입니다. 안개꽃이 있기에 장미와 카네이션이 더욱 아름답듯이, 벤치워머들이 있었기에 월드컵 본선에 나갈 수 있는 능력이 된 것입니다. 우리의 삶에는 벤치워머들이 많이 있고, 우리들 자신이 벤치워머인 경우도 많이 있습니다. 벤치워머의 소중함을 안다면, 벤치워머의 자리에 앉아있다고 하더라도 실망해서는 안 되며, 벤치워머들을 격려하고 그들의 고마움을 아는 자만이 진정한 승리의 기쁨을 나눌 수 있습니다.

우리는 하나님의 나라입니다

 월드컵축구가 지구촌을 달구고 있는 요즘 사람들을 만나면 대부분의 이야기가 축구에 대한 것입니다. 한국에서뿐만 아니라, 미국에 살고 있는 우리 한인들도 한국 축구에 애정과 열정을 가지고 응원하고 환호하고 있습니다. 한국의 첫 번째 게임인 토고와의 경기를 이른 새벽 귀래와 함께 우리 한인들이 함께 모인 대규모 공간에서 응원하며 보았습니다. 귀래가 축구를 좋아하기도 하지만, 이런 기회에 한국인이라는 것을 알려주고, 한국 사람들의 열기를 느끼게 해주고 싶었습니다. 도착했을 때 한국팀의 상징인 빨강 셔츠를 입은 응원단의 분위기가 뜨거웠고, 풍선 막대를 가지고 울리는 소리는 대단했습니다. 실점을 했을 때 모든 사람들이 함께 한숨을 쉬고, 우리가 골을 넣었을 때는 너나 할 것 없이 일어나 천장이 떨어질 정도로 환호를 했습니다. 무엇보다도 거기에 왔던 많은 한인들 가운데 청년들 그리고 귀래 같은 중고등학교 아이들이 열광적으로 응원하는 모습들을 보며, 여기에서 태어났어도 그들 안에는 한국인이라는 피가 흐르고 있음을 느낄 수 있었습니다. 지난 월드컵 때부터 시작된 붉은 악마

빨강색 옷은 한국을 상징할 정도가 되었습니다. 그런데 이번 빨강셔츠에 이런 문구가 있었습니다. '우리는 대한민국입니다.' 지난 월드컵에서 볼 수 없었던 새로운 응원 문구였습니다. 우리는 대한민국입니다. 단순한 응원문구 같지만, 의미 깊은 말입니다. 응원하는 한 사람 한 사람이 대한민국 자체라는 것을 외치고 있습니다. 지금까지 한 개인이, 혹은 국민이 나라 자체라고 말한 것을 듣지 못했는데, 응원이지만 '우리는 대한민국입니다'라는 말은 한국 사람들 마음속에 강한 이미지를 줄 것입니다.

'우리는 대한민국입니다'라는 빨강셔츠를 보면서, 믿는 자들의 가슴에 당당하게 '우리는 하나님의 나라입니다'라는 글을 쓰고 싶었습니다. 내 자신이 하나님 나라가 되고, 우리가 하나님 나라가 되는, 하나님 말씀대로 살아가는 내가 가는 곳이 하나님 나라가 되는 그날을 꿈꾸었습니다. 하나님의 나라는 공간의 개념이기도 하지만, 하나님 뜻대로 살아가는 사람들의 공동체적인 삶이기 때문입니다.

옐로우카드 & 레드카드

얼마 전에 끝난 월드컵은 지난 번 월드컵과 다른 여러 모습이 있었는데 그중의 하나가 심판의 권한 강화였습니다. 모든 게임에는 게임을 바르게 진행하기 위해 심판이 있습니다. 축구도 예외가 아니어서 보통 축구게임은 한 명의 주심과 두 명의 부심이 있습니다. 그런데 이번 월드컵에는 한 명이 추가되어 3명의 부심이 있었습니다. 다른 월드컵과는 달리 강화된 심판의 영향으로 경고를 주는 옐로우카드(yellow card)와 퇴장을 주는 레드카드(red card)의 숫자가 지난 대회보다 두 배 이상이었다고 기록하고 있습니다. 게임을 하면서 의도적인 파울이라고 판단하면 심판은 옐로우카드를 주며 경고를 하고, 두 번 옐로우카드를 받으면 자동 퇴장이 됩니다. 물론 심한 파울이라고 판단하면 옐로우카드에 관계없이 레드카드를 통해 선수를 퇴장시켜 버립니다. 레드카드를 받으면 다음 게임에 뛰지 못하는 불이익을 당해야 하고, 팀은 막대한 피해를 보게 됩니다. 프랑스와 이태리의 마지막 경기에서 프랑스의 지단은 상대방 선수가 지나치게 게임을 방해하고 심한 욕을 했다고 게임과 관계없이 머리를 받아 이태리

선수를 쓰러뜨렸습니다. 중요한 결승 게임의 연장전에서 지단은 퇴장을 당했습니다. 레드카드를 받는 일이 월드컵 전체 게임 가운데 여러 차례 있었습니다. 파울을 해서 레드카드를 받으면 운동장 밖으로 나가야 합니다. 잘못함에 대한 처벌입니다. 다른 선수들에게 동시에 주는 경고이기도 합니다. 이런 반칙을 하면 너희들도 똑같이 퇴장을 당할 수 있다는 메시지입니다.

우리가 살아가다 보면 레드카드를 주고 싶은 사람들이 많이 있습니다. 가족들, 친척들, 친구들, 함께 일하는 사람들 그리고 지도자들 가운데 레드카드를 주고 퇴장시켰으면 하는 사람들이 있고, 때때로 레드카드를 사용하여 그 사람과 관계를 끊고 미워하고 비난을 하게 됩니다. 그런데 하나님의 역사에는 옐로우카드는 있지만 레드카드는 없습니다. 하나님께서 영원히 포기하는 사람이 없기 때문입니다. 그런 사람들을 오히려 불쌍히 여겨 옐로우카드로 경고하고 바른 길을 걸어가기를 원하십니다. 포기하지 않는 하나님입니다.

줄탁동시(啐啄同時)

　서울에서 온 친구의 글을 읽다가 줄탁동시(啐啄同時)라는 낯선 말을 접했습니다. 친구의 설명과 그 의미를 정확히 알기 위해 자료를 찾으면서, 줄탁동시는 우리 삶의 참 의미 있는 글귀이자 비유라는 것을 알게 되었습니다. 병아리가 알 속에서 나오려면 먼저 스스로 알을 깨기 위해 부리로 알을 쪼아야 합니다. 그러면 알을 품던 어미 닭이 소리를 알아듣고 동시에 밖에서 알을 쪼아 안팎에서 서로 쪼아대게 됩니다. 병아리가 안에서 쪼아대는 것을 한자(漢字)로 '줄'이라 하고, 밖에서 쪼아대는 것을 '탁'이라고 합니다. 이런 병아리와 어미 닭의 노력이 지속되는 과정에서 동시에 양쪽의 힘이 모아지면 비로소 생명이 알 벽을 깨고 밖으로 나온다는 자연의 진리에 대한 설명이었습니다. 불교에서는 스승이 제자를 지도하여 깨달음으로 인도하는 것을 비유할 때 이 말을 쓴다고 합니다. 여기서 병아리는 깨달음을 향해 앞으로 나아가는 수행자이고, 어미닭은 수행자에게 깨우침의 방법을 일러주는 스승을 의미할 것입니다.

　이 줄탁동시라는 말을 접하면서 우리 삶을 생각하고 하나님을 향해서 나아가는 믿음의 길을 생각해 봅니다. 세상의 삶이라고 하는 것은 나 혼자만의 능력이나 의지로 되는 것이 아닙니다. 내 자신의 노력이 있고, 함께하는 사람들의 힘과 환경이 하나로 모아질 때 거기에 창조적인 일들이 일어나게 됩니다. 믿음에 있어서도 마찬가지입니다. 하나님의 전적인 은혜로 역사가 이루어지기도 하지만, 내 자신 믿음의 노력과 수고가 있고 하나님의 은혜가 임하게 될 때, 바로 그때 거듭남의 사건이 일어나고, 이 땅에서 하나님의 나라를 만들어가는 역사를 시작하게 됩니다. 예수님은 "암탉이 병아리를 날개 아래 품듯이 내가 몇 번이나 네 자녀들을 모아 품으려 하였더냐! 그러나 너희는 원하지 않았다. 보아라, 너희 집은 버림을 받아서 황폐하게 될 것이다"라고 말씀합니다. 예수님의 사랑이 있고 가르침이 있었지만 사람들이 알 벽을 깨려는 몸부림, 즉 '줄'의 응답이 없어 그 알이 썩어(황폐)하게 되었다는 말씀입니다. 하나님과의 만남도 그리고 사람들과의 만남도 내 자신의 응답이 있어야 합니다.

우리가 내야 할 소리

시골에서 살았던 어렸을 때, 우리 집에는 다듬이가 있었습니다. 이불 빨래라든지 큰 빨래를 하고 나면 빨래를 정성스럽게 접어서 다듬이대에 올려놓고 두 개의 다듬이 봉으로 두드리며 구겨진 빨래를 펴는 모습을 보며 자랐습니다. 무거운 돌로 된 다듬이대는 그 시대에 각 집의 생활필수품이었습니다. 생활이 좋아지면서 집에는 자동세탁기가 있고, 전기다리미가 있어 다듬이를 사용할 필요가 없어졌습니다. 또한 옷을 전문으로 세탁하는 세탁소들이 곳곳에 있어 이젠 다듬이는 박물관에 가야만 볼 수 있는 유물이 되었습니다. 동네 길을 걸어가고 있으면 이쪽저쪽에서 들려오는 다듬이 소리를 들을 수 있고, 몇 집이 같이 소리를 내면 어우러져 아름다운 음률같이 들리기도 했습니다. 동네 사람들은 다듬이 소리가 많이 나는 집이 부지런한 주부가 있는 집안이라고 했습니다. 그래서 옛말에 집에 책 읽는 소리와 아기의 울음소리와 다듬이 소리가 있어야 잘 되는 집안이라고 했습니다. 복된 가정이라는 말입니다. 책을 읽고 공부하는 가정이 되고, 아기 울음소리가 들리는 아이가 있는 집이 되고, 부지런한 주부의 다듬이 소리가 있을 때 그 집은 희망이 있는 집이고 미래가 보이는 집안이 된다는 것입니다.

옛말에 집안에 책을 읽는 소리, 아기 울음소리 그리고 다듬이 소리가 있어야 복된 가정이라고 했다면, 우리 시대에 있어 각 가정에서 내야 하는 소리가 무엇인지 생각해 봅니다. 무엇보다도 크리스천 가정에서 이웃들에게 들려줘야 하는 소리가 무엇인지 그리고 크리스천의 삶을 살아가는 나 자신으로부터는 무슨 소리가 나야하는지 고민하게 됩니다. 우리는 교회를 하나님의 집이라고 말합니다. 그렇다면 교회라는 하나님의 집에는 하나님의 말씀을 읽고 찬양하는 소리가 들리고, 어린이들과 영적으로 어린아이와 같은 교인들의 왁자지껄한 소리가 들리며 부지런하게 움직이는 사람들의 일하는 소리가 들려야 할 것입니다. 그럴 때 그 하나님의 집은 살아있는 집이요 미래가 있는 집안이 될 것입니다. 우리는 하나님의 가족들이요, 하나님의 집인 교회에서 살아가며 그 '소리'를 내야 하는 사람들입니다.

작은 빗방울

　한국의 여름은 비가 많이 내립니다. 특히 여름 장마철이 되면 굵은 빗방울이 하염없이 내리기도 합니다. 어렸을 때 비가 오면 밖에 나가 비에 아랑곳하지 않고 친구들과 개울에서 그리고 운동장에서 놀던 모습이 눈에 선합니다. 비가 오고 나면 온 세상이 싱싱해지는 것을 느낄 수 있었습니다. 청명해지는 산과 들을 느낄 수 있었습니다. 풍성하게 내리는 비에 집 뜰과 작은 밭에 풀들이 무성하게 자라는 것을 볼 수 있었습니다. 연례행사처럼 일 년에 한두 번은 태풍 때문에 동네가 시끄럽기도 합니다. 산 아래의 개울이나 논 곁에 있는 수로들의 둑이 터져 농사를 망치기도 하지만, 가을이면 논에서도 추수를 하는 것을 보면 신비롭기도 했습니다. 지금 한국은 장마철로 큰 태풍이 불어 논들뿐만 아니라 지하철까지 침수되었다고 합니다. 수재민들이 많이 힘들어 하겠지만, 한국 사람들은 쓰러지지 않는 잡초이기에 이번 태풍도 이겨낼 것입니다.
　여름철에 비 한 방울 내리지 않는 캘리포니아에서 한국의 거센 빗방울을 생각하게 됩니다. 이 뜨거운 여름날 우리 동네에 시원한

비가 내린다면 메말라 가는 산과 들의 풀들이 싱싱해질 것입니다. 서울에서 워렌 목사가 빗방울 하나로는 세상을 변화시키기 어렵지만, 빗방울 여럿은 사막도 정원으로 바꿀 수 있다고 말했습니다. 작은 빗방울은 힘이 없지만, 빗방울이 모이면 장마도 만들 수 있고, 메마른 사막도 푸름이 있는 싱싱한 정원으로 변화시킬 수 있습니다. 자연의 무한한 힘이지만, 작은 힘이 모이면 강한 힘을 만들어낼 수 있다는 진리를 가르쳐 줍니다.

우리들이 가지고 있는 각자의 능력은 작은 빗방울일 수 있습니다. 혼자의 힘으로는 큰 능력을 발휘하지 못하는 작은 빗방울입니다. 하지만 그 작은 빗방울과 같은 우리들이 모여 뭉쳐진다면 우리는 강력한 힘을 가질 것입니다. 사막을 정원으로 바꿀 수 있는 도전을 할 수 있을 것입니다. 작은 빗방울들이 모이면 세상을 변화시켜 나갈 수 있는 힘이 만들어질 것입니다. 메마른 땅과 같은 우리 산호세 지역을 푸른 나무들이 있는 아름다운 숲으로 만들 수 있습니다.

작은 연못

 아주 오래전 양희은이 부른 노래 가운데 '작은 연못'이라는 노래가 있었습니다. 작은 동화와 같이 들렸던 노래인데 얼마 전 우연히 그 노래를 듣다가 의미 깊은 노래이고, 인생의 좋은 교훈이 들어있는 노래구나 생각했습니다.

 깊은 산 오솔길 옆 자그마한 연못엔 지금은 더러운 물만 고이고 아무 것도 살지 않지만, 먼 옛날 이 연못엔 예쁜 붕어 두 마리 살고 있었다고 전해지지요 깊은 산 작은 연못.
 어느 맑은 여름날 연못 속에 붕어 두 마리 서로 싸워 한 마리는 물 위에 떠오르고 그놈 살이 썩어 들어가 물도 따라 썩어 들어가 연못 속에선 아무 것도 살 수 없게 되었죠. 깊은 산 오솔길 옆 자그마한 연못엔 지금은 더러운 물만 고이고 아무 것도 살지 않죠.

 곡도 아름답지만 노랫말이 참 좋고 우리의 삶을 잘 노래하고 있습니다. 아무리 예쁜 붕어 두 마리라고 하더라도 싸워서 죽으면 이기는 것이 아니라 함께 죽어간다는 것입니다. 세상의 이치는 싸워서 이겨야 살아남는다는 적자생존이 지배하는 경쟁의 세상입니다. 그러나 세상은 그렇게 단순하지 않습니다. 당장은 싸워서 이기고, 상대방이 무너지고 죽는 것 같지만, 거기에서 끝나는 것이 아니라 끝내는 함께 죽을 수밖에 없는 운명공동체라는 것입니다. 인간이 함께하는 모든 공동체는 여기에서 예외일 수 없습니다. 지역사회 속에서도, 국가 간에 있어서도 심지어는 교회공동체 안에서도 마찬가지입니다. 이에는 이, 귀에는 귀라고 생각하여 싸우는 국제적인 전쟁도 마찬가지입니다. 절대로 승자가 될 수 없고 끝내는 함께 파멸하는 것입니다. 작은 연못과 같은 세상에서 갈등이 없을 수 없고 싸움이 없을 수 없습니다. 그러나 그 갈등과 싸움을 지혜롭게 해야 합니다. 서로 상생(相生)할 수 있는 지혜와 이해를 가질 때 함께 살아날 수 있습니다. 여기에 필요한 것이 사랑입니다. 허물을 덮어줄 수 있는 사랑이 필요합니다.

 인간과 인간과의 관계에서의 상생뿐만이 아니라, 인간과 자연의 상생도 필요합니다. 지구촌의 기후변화는 인간과 자연이 상생하지 못하기에 필연적으로 나타나는 현상들이자, 우리 인간들에게 주는 경고입니다. 양희은의 작은 연못 노래를 함께 불렀으면 합니다.

부드러운 하나님

　6개월에 한 번은 정기적으로 치과에 가서 점검을 하고 치아청소(cleaning)를 하고 있습니다. 이의 깊은 구석에 한두 군데 문제가 있는 곳이 있기에 미리 예방하기 위함입니다. 어제는 제가 다니는 치과에 가서, 언제나 친절하게 잘해주시고 따뜻한 미소로 대해주시는 치과 선생님을 만나 Xray 사진을 찍고 결과를 보면서 괜찮다는 이야기를 들었습니다. 기분 좋게 치아 청소를 말끔히 했습니다. 집안 청소나 사무실 청소도 기분 좋지만, 때때로 하는 치아 청소는 약간 이가 시리지만 기분 좋은 작업입니다. 모든 과정이 끝나고 6개월 후의 예약과 계산을 끝냈는데, 선생님께서 칫솔과 치실을 선물로 주셨습니다. 고마워서 "이 칫솔로 이빨을 닦으면 이가 좋아지나요?" 하고 물으면서 웃으며 인사를 했는데, 안내와 사무를 담당하는 간호사가 저에게 미소를 지으며 말했습니다. "치아는 부드러운 칫솔로 닦아야 잇몸을 상하지 않게 하고 이를 건강하게 지킬 수 있습니다. 부드러운 칫솔이 중요해요. 하나님께서 우리 인간들을 부드럽게 대해 주시잖아요." 내가 목회자라는 것을 곁에서 들었기에 친절하게 설명해 주었습니다. 치과에 가서 그런 친절함과 따뜻함을 받았을 뿐만 아니라 부드러운 하나님에 대한 이야기를 들으니 참 기분이 좋았습니다. 부드러운 하나님을 이야기하는 그 자매를 보니 맑은 미소를 가지고 있는 하나님의 사람이라는 생각이 들었습니다.

부드러운 하나님, 참으로 아름다운 말이자 설명입니다. 우리 인간을 부드럽게 대해 주시는 하나님, 부드러움으로 우리를 사랑해 주시는 하나님이 계시다는 것이 우리의 은총입니다. 때로는 우리의 잘못함에 바른 길로 가도록 강하게 꾸중하시지만, 하나님은 어머님의 마음처럼 부드러움으로 우리를 대해 주시고 부드러움으로 우리의 마음을 다듬어 주시는 것을 보면 감사하기만 합니다. 하나님은 부드러운데, 경쟁적인 세상 속에서 바쁘게 살아가는 우리들은 부드럽지 못합니다. 다른 사람들의 실수나 잘못함에 대해 너그럽지 못하고 부드럽지 못한 것은 우리가 온전히 하나님을 섬기지 못하고 닮아가지 못하기 때문입니다. 하나님은 진정 부드러운 주님이십니다.

이에는 이, 눈에는 눈

　항상 영어에 부담을 가지고 있는 나는 신문에 나오는 생활영어를 자주 보며 읽어보곤 합니다. 오늘의 생활영어에 "Two wrongs don't make a right"이라는 표현에 대한 설명이 나왔습니다. 처음에는 이 말이 무슨 말인지, 어떤 의미를 가지고 있는지 정확히 몰랐는데 설명을 들으며 참으로 의미 있는 표현이라는 것을 깨달았습니다. 잘못된 일 두 개가 잘된 일 하나를 만들지 못한다는 말입니다. 참뜻은 남이 자기에게 잘못했다고 해서 똑같이 그 사람에게 잘못하면 그 결과로 잘된 일이 생기지 않는다는 것입니다. 악을 악으로 대한다고 해서 그 악이 선이 되지 않는다는 의미일 것입니다. 복수한다고 해서 좋을 것이 없다는 것입니다. 우리 인간은 부족하고 욕심이 많은 이기적인 존재라서 다른 사람들로부터 피해를 받으면, 그 손해를 그대로 되돌려주려는, 그 이상으로 되갚으려는 마음을 가지고 있습니다. 힘을 가진 사람들은 힘을 가지고, 약한 사람들은 그 나름대로의 무엇인가를 가지고 복수를 하려고 합니다. 이스라엘 사람들이 바르지 못하고 교묘하게 이용하는 '이에는 이, 눈에는 눈'이라는 방었습니다. 치과에 가서 그런 친절함과 따뜻함을 받았을 뿐만 아니라 부드러운 하나님에 대한 이야기를 들으니 참 기분이 좋았습니다. 부드러운 하나님을 이야기하는 그 자매를 보니 맑은 미소를 가지고 있는 하나님의 사람이라는 생각이 들었습니다.

  부드러운 하나님, 참으로 아름다운 말이자 설명입니다. 우리 인간을 부드럽게 대해 주시는 하나님, 부드러움으로 우리를 사랑해 주시는 하나님이 계시다는 것이 우리의 은총입니다. 때로는 우리의 잘못함에 바른 길로 가도록 강하게 꾸중하시지만, 하나님은 어머님의 마음처럼 부드러움으로 우리를 대해 주시고 부드러움으로 우리의 마음을 다듬어 주시는 것을 보면 감사하기만 합니다. 하나님은 부드러운데, 경쟁적인 세상 속에서 바쁘게 살아가는 우리들은 부드럽지 못합니다. 다른 사람들의 실수나 잘못함에 대해 너그럽지 못하고 부드럽지 못한 것은 우리가 온전히 하나님을 섬기지 못하고 닮아가지 못하기 때문입니다. 하나님은 진정 부드러운 주님이십니다.

이에는 이, 눈에는 눈

　항상 영어에 부담을 가지고 있는 나는 신문에 나오는 생활영어를 자주 보며 읽어보곤 합니다. 오늘의 생활영어에 "Two wrongs don't make a right"이라는 표현에 대한 설명이 나왔습니다. 처음에는 이 말이 무슨 말인지, 어떤 의미를 가지고 있는지 정확히 몰랐는데 설명을 들으며 참으로 의미 있는 표현이라는 것을 깨달았습니다. 잘못된 일 두 개가 잘된 일 하나를 만들지 못한다는 말입니다. 참뜻은 남이 자기에게 잘못했다고 해서 똑같이 그 사람에게 잘못하면 그 결과로 잘된 일이 생기지 않는다는 것입니다. 악을 악으로 대한다고 해서 그 악이 선이 되지 않는다는 의미일 것입니다. 복수한다고 해서 좋을 것이 없다는 것입니다. 우리 인간은 부족하고 욕심이 많은 이기적인 존재라서 다른 사람들로부터 피해를 받으면, 그 손해를 그대로 되돌려주려는, 그 이상으로 되갚으려는 마음을 가지고 있습니다. 힘을 가진 사람들은 힘을 가지고, 약한 사람들은 그 나름대로의 무엇인가를 가지고 복수를 하려고 합니다. 이스라엘 사람들이 바르지 못하고 교묘하게 이용하는 '이에는 이, 눈에는 눈'이라는 방식입니다. 그러하기에 끊임없이 갈등과 분쟁을 만들어내고 있습니다. 마음 아픈 우리의 현실입니다.

요즘 레바논과 이스라엘은 복수에 복수를 거듭하고 있습니다. 이천 년 이상의 갈등과 싸움이지만, 최근의 분쟁은 곁에서 보는 우리들로 하여금 분노하게 합니다. 강력한 힘을 가지고 있는 이스라엘은 큰 형 미국이라는 힘을 등에 업고 무차별하게 레바논을 공격하고 있습니다. 수많은 민간인들의 생명을 빼앗고, 땀을 흘려 이루어놓은 건물들과 문화재를 잿더미로 만들고 있습니다. 무엇보다도 제대로 피하지 못한 어린이들과 노약자들이 희생자라는 것을 알고 나니 더욱 마음 아프기만 합니다. 피를 흘리며 죽어가는 어린아이를 안고 울부짖는 부모의 사진이 못내 마음에 남아 있습니다. 재계와 정계를 휘어잡고 있는 강력한 유태인 그룹 때문에 제대로 말을 하지 못하는 미국 사회가 부끄럽기만 합니다. 이에는 이, 눈에는 눈이라는 방식은 하나님의 방식이 아닙니다. 악한 것은 선한 것을 만들어 낼 수 없습니다. 세상의 힘이 아니라 사랑과 용서가 세상을 이길 것입니다.

소중한 만남, 하나님의 은총

우리의 삶 가운데 수많은 사람들을 만나게 됩니다. 한번 스쳐가는 사람이 있고 오랜 만남을 통해 삶을 나누는 사람이 있습니다. 짧은 만남이지만 좋은 인연이 되기도 하고, 긴 시간인데도 불구하고 서로에게 영향을 주지 못하는 만남도 있습니다. 이런 여러 만남 가운데 평생 살아가면서 마음속에 담아놓고 닮아가려는 한 사람이 있는데 바로 강원용 목사님입니다. 그분은 제가 신학교를 졸업하고 목회를 시작했던 교회의 목회자이셨습니다. 그는 목회자이자 교육가였고, 사회운동가였으며 예수 그리스도의 정신을 가지고 세상을 섬기려 했던 하나님의 사람이었습니다. 해방 직후 그리고 한국의 현대사 가운데 신앙과 자유에 목말라했던 사람들과의 만남 속에서 그들의 눈과 마음을 열게 하였으며 사회의 지도자로 커나갈 수 있는 도전을 주었던 분이 강 목사님이셨습니다. 특히 각 사회분야의 대화 모임을 통해 사람들을 키우고 막혔던 담을 무너뜨리며 한국 사회가 좌우로 치우치지 않고 건강하고 바르게 나가도록 광야에서 외쳤던 한 지도자였습니다. 나이가 들면 사람들은 변한다고 하는데, 그는 예수 그리스도에 대한 믿음과 하나님의 은총에 대하여 변함이 없었고, 끊임없이 사고의 거듭남을 통해 시대를 앞서갔던 어른이었습니다. 호랑이보다 더 빛나는 눈을 가진 강함을 가지고 계셨지만 인간미가 넘치고 부드러웠던 지도자였습니다. 그런 제 스승이 되시는 강 목사님은 자연의 순리에 따라 하나님 품에 안기셨습니다. 그가 평생 목회를 했던 교회의 교인들뿐만 아니라 종교계, 정치계, 학계와 문화계 등 사회 각 분야의 사람들이 진심으로 찾아와 애도하고 마음 아파하는 모습을 멀리에서 보며 다시 한번 그가 걸어왔던 발걸음들이 의미 있고 창조적이었음을 새삼 깨닫게 됩니다.

귀한 만남과 가르침이라는 것은 하나님의 은총입니다. 하나님께서 주신 귀한 은총을 받기만 하고 나누지 않는다면 값싼 은총이 될 것입니다. 어느 상황에서든지 그리스도의 복음정신에 따라 하나님을 섬기고 세상을 섬기고 이웃을 사랑하는 것은 우리에게 허락해 주신 사명이자 우리 인간의 존재이유입니다. 강 목사님이 그립습니다.

소풍

어린 시절 시골에서, 학교생활 가운데 가장 기다렸던 날은 소풍 가는 날이었습니다. 봄과 가을이 되면 변함없이 매년 학교에서 산 하나를 넘어야 있는 목은산소에 소풍을 갔습니다. 나이가 들어 근처를 지나가면 멀지 않은 거리였는데, 그때는 왜 그리 멀리 느껴졌는지 모릅니다. 어머니가 정성스럽게 만들어 주신 김밥과 계란 그리고 소풍 때나 마실 수 있는 사이다를 가방에 넣어 학교에 모였고 우리는 줄을 맞추어 산을 넘어 소풍을 갔습니다. 전날 저녁에는 하늘을 바라보며 제발 비가 오지 않도록 기도까지 했습니다. 마음이 들떠 아침 일찍 일어나 벽장에 고이 모셔두었던 운동화를 꺼내어 끈을 조절하고, 하루를 마음속에 그려보기도 했습니다. 산을 넘으며 울창한 나무들을 보고 길가의 꽃들을 꺾어 보기도 하며 떠들썩하게 소풍 길을 갔었습니다. 반별로 앉아 수업시간에 불렀던 동요를 부르고 어설픈 유행가를 부르기도 했습니다. 소풍에 따라와 장사하는 분들은 먹을 것과 신기한 장난감 그리고 아이스케키를 파느라고 바빴고, 우리들은 그 주위에 둘러서서 사지는 못하고 구경만 실컷 했던 모습이 생각납니다. 옹기종기 나무 밑에 앉아 점심을 먹고 나면 보물찾기를 한다고 주변의 모든 나무들을 흔들어 대고 돌이란 돌은 모두 들춰보아야 했습니다. 보물찾기 선물로 공책과 연필을 받아 신이 나서 집으로 돌아올 때는 친구들과 산모퉁이 개울에서 돌 밑에 있는 가재를 잡느라고 소동이었습니다. 우리 동네에 들어와 집에 들어오면 그림같이 아름다웠던 소풍은 끝이 났고 내년의 소풍을 또다시 기다리곤 했습니다.

우리 인생은 하늘에서 이 땅으로 온 소풍의 하루입니다. 천상병이라는 시인은 '귀천'이라는 시에서 "나 하늘로 돌아가리라. 아름다운 이 세상 소풍 끝내는 날, 가서, 아름다웠더라고 말하리라"라고 인생과 소풍을 노래하고 있습니다. 우리도 이 땅에서 이 세상 소풍 끝내는 날, 나는 정말 아름다운 소풍을 했노라고, 함께 소풍을 갔던 사람들과 아름다운 소풍을 나누었노라고, 후회 없는 아름다운 소풍이었노라고 말했으면 좋겠습니다.

파도에 흔들려도

　넓은 마음을 가진 전 집사님은 때때로 이른 아침 동이 뜨기 전 보트를 끌고 바다에 나가 푸른 하늘을 친구삼아 바다낚시를 즐기고 있습니다. 바람이 불고 파도가 높은 계절에는 나가시지 못하지만 요즘같이 날씨가 좋은 여름철은 바다낚시하기에 좋은 때라고 합니다. 그리 크지 않지만 집사님께서 무척이나 아끼시는 보트이기에 정성스럽게 관리하시는 것을 곁에서 보게 됩니다. 얼마 전에는 거의 1미터나 되는 광어를 잡으셔서 지역신문에서 사진을 찍어갔다고 무척이나 즐거워하시는 모습을 보며 곁에 있는 제가 더욱 즐거워했던 적이 있습니다. 아주 오래전 그 보트를 타고 바다낚시에 따라 나섰다가 멀미 때문에 배에서 내리지도 못하고 무척이나 고생한 적이 있습니다.
　오랜 경험을 가진 집사님은 아침에 일찍 멀리 나가야 좋은 고기를 잡을 수 있기에 새벽에 출발을 합니다. 선착장에서 출발하여 한두 시간 정도 나가시는데, 가고자 하는 방향을 정하여 그 방향으로 나가려고 해도 그렇게 되지 않는다고 합니다. 집사님의 설명으로는 보트를 원하는 방향으로 운전하려고 해도 바닷물이 밀물과 썰물에 의해서 움직이고 있기에 운전대를 한 방향으로 고정해 놓더라도 방향이 변하게 된다고 합니다. 그래서 끊임없이 방향을 바로 잡아야 한다고 합니다. 보트 아래의 바닷물의 움직임 때문에 선장이 원하는 방향으로 가기 위해서는 끊임없이 조정을 해야 한다는 것입니다.

보트가 원하는 방향이 있지만 바닷물에 의해 방향이 흔들리는 것은 바다낚시에서 뿐만이 아니라 우리 삶에서도 마찬가지입니다. 우리들이 가고자 하는 방향이 있고 그 길을 걸어가려고 하지만 그렇게 단순하지는 않습니다. 나의 길에 영향을 주는 세상의 환경이 전혀 없다면 원하는 대로 갈 수 있겠지만 세상은 끊임없이 우리 삶의 보트를 흔들고 있기 때문입니다. 믿음을 가진 사람들은 그의 길을 흔드는 힘이 있을 때, 그 자체를 인정하고 지혜롭게 오히려 더욱 힘 있게 방향을 조정해 나갑니다. 파도가 없는 잔잔한 바다에서의 낚시보다는 파도도 치고, 바람도 있고 얼굴도 그을리는 그런 바다낚시가 더욱 신나는 것 아닌가요?

얼짱과 맘짱

　지난주일 예배가 끝나고 뜻깊은 찬양 연습이 있었습니다. 새로 참여하는 집사님들과 우리 교회 가족이 된 정 집사님 부부가 함께하여 오랜만에 예배당이 찬양으로 가득 채워졌습니다. 정성스러운 작은 목소리들을 합하여 하나님을 찬양하는 것을 보며 담임목사인 내 마음도 기쁘지만 찬양을 받으시는 하나님도 흡족해 하시겠구나 생각이 되었습니다. 큰 교회의 성가대도 은혜가 되겠지만, 작은 우리들의 정성에 하나님도 기뻐하실 것입니다. 찬양이 있는 곳에는 기쁨이 있고 힘이 있으며 막힌 담이 허물어진다는 것을 느끼게 되었습니다.
　찬양 연습을 하면서 재미있는 이야기들을 나누었습니다. "우리 교회 찬양팀은 얼짱이 아니어도, 몸짱이 아니어도 좋다"라는 이야기를 했고, 너무 노래를 잘하면 다른 사람들이 참여하지 못하니까 노래 실력에 대하여 걱정하지 않아도 된다는 이야기도 웃으며 나누었습니다. 요즘 얼굴이 제일 잘 생긴 사람을 얼짱이라고 합니다. 한국에서는 누가 얼짱이냐에 대하여 관심이 많고 누구든지 얼짱이 되고픈 마음이 있습니다. 한국의 길거리에 얼굴성형 병원들의 광고판이 많은 것도 그 때문입니다. 최근에는 누구 몸매가 제일이냐를 가리는 몸짱이라는 말이 있습니다. 다른 사람들이 알아주는 몸짱이 되기 위해 열심히 짐(Gym)에 나가 운동하고 음식 조절을 하는 사람이 무척 많습니다. 얼마 전에는 얼짱과 몸짱이 지나치게 인정받는 우리 사회를 향하여 맘짱이 되어야 한다는 이야기들이 신문에 나왔습니다. 마음이 정말 아름다운 사람을 맘짱이라고 합니다. 맘짱이 인정받고 맘짱들이 우리 사회를 이끌어 간다면 건강한 사회를 만들어 갈 것이라고 생각을 합니다. 예수님을 믿는 우리는 얼짱, 몸짱 그리고 맘짱이 되어야 하지만 무엇보다도 영짱이 되어야 합니다. 하나님 앞에 영적인 감각이 살아있어 하나님을 섬기고 이웃들을 위해 헌신할 수 있는 열정적이면서도 따뜻함이 있는 영짱이 되었으면 합니다. 진실한 영짱이 가득하여 이 지역에 참 빛이 되는 영짱 참빛교회가 되기를 고대합니다.

자기 자신에게 충실한 사람

얼마 전에 정 집사님 집에 갔다가 가훈이 새겨져 있는 액자를 보았습니다. 정 집사님 가정의 가훈은 "내 자신을 사랑하는 사람은 다른 모든 사람을 사랑할 수 있다"입니다. 약간 특이한 가훈이었습니다. 이 가훈은 정 집사님이 만드신 것인지 아니면 아버님 혹은 어머님이 만드신 것인지 모르지만 모든 가족들이 항상 볼 수 있도록 보기 좋은데 걸려 있었습니다. 처음 이 가훈을 보고 난 후 집에 오면서 그리고 틈틈이 시간이 나면 정 집사님네 가훈을 생각하며, 왜 이런 가훈을 만들었을까 고민하게 되었습니다. 하나님은 내 이웃을 내 몸과 같이 사랑하라고 하셨는데, 그 말씀을 아시는 집사님께서 왜 오히려 내 자신을 사랑해야 된다고 말하셨을까? 그 가훈을 곱씹고 묵상하면서 내 자신을 사랑하라는 것은 자기중심적인 이기적인 사람이 되라는 것이 아니라 자기 자신의 삶에 성실하고 애정과 열정을 가지게 될 그때에 바로 다른 사람들을 위한 삶을 살아갈 수 있다는 것임을 조금씩 깨닫게 되었습니다. 『사랑의 기술』이라는 책을 쓴 에리히 프롬이라는 사람이 이런 이야기를 했습니다. "자기 자신에게 신실한 사람만이 다른 사람들에게도 신실할 수 있다"(Only the person who has faith in himself is able to be faithful to others). 내 자신의 삶이나 주위의 사람들을 보면 자기 자신에게 신실하지 않은 사람들은 다른 사람들에게 신실하지 않고 다른 사람들을 감동시키지 못한다는 것을 보고 깨닫게 됩니다.

　자신의 존엄성을 알고 그것을 지키려고 하는 사람들은 다른 사람들의 존엄성을 받아들입니다. 자신을 아끼고 사랑하는 사람은 가정과 주변도 사랑할 수 있고, 자신의 일에도 열정적으로 매달릴 수 있는 사람입니다. 그 사람은 자신의 비전을 이루기 위해 현실에 안주하지 않고 끊임없이 거듭나려 몸부림치고, 새로운 일에 도전하게 됩니다. 주님의 말씀대로 내 이웃을 사랑하려면 먼저 내 몸을 사랑해야 한다는 것을 항상 마음에 간직해야 합니다. 내 몸을 사랑하지 못하는 사람은 내 이웃을 온전히 사랑하지 못합니다.

여자와 남자

남자들은 일반적으로 여자는 남자의 뼈로 만들었기 때문에 여자는 남자에게 속해 있고 남자보다 부족하다는 생각을 가지고 있습니다. 교회에 다니지 않는 사람들뿐만 아니라 적지 않은 크리스천들도 그런 비슷한 생각을 하고 있습니다. 그런 논리로 말한다면 남자는 흙으로 만들어졌기 때문에 인간인 남자가 흙보다도 부족하다고 말할 수 있습니다. 여자가 남자보다 부족하다는 것은 바르지 않은 생각입니다. 며칠 전 푸른 언덕의 집에서 창세기 이야기를 나누다가 남자와 여자의 재질이 무엇이냐 하는 이야기가 나왔을 때 누군가 이런 대답을 했습니다. 남자는 흙으로 만들었기 때문에 질그릇이고, 여자는 귀한 뼈로 만들었기 때문에 도자기(China)라는 것입니다. 참으로 재미있는 대답이었습니다.

그러면 하나님은 하와를 만드실 때 왜 하필 아담의 갈비뼈를 가지고 만드셨을까? 몸에는 여러 가지 작고 큰 뼈들이 있는데 유독 왜 갈비뼈를 이용하셨을까 하는 질문입니다. 참으로 궁금하지만 성경에 거기에 대한 대답은 당연히 없습니다. 누군가 이런 재미있는 대답을 했습니다. 하나님께서 만약 다리뼈를 사용하여 여자 하와를 창조하셨다면, 하와가 밟는 습성이 생길 것이고, 팔뼈를 사용했으면 삿대질을 잘 할 것이기 때문이라는 것입니다. 머리뼈를 재료로 하여 하와를 만들었다면 아담의 훈장 노릇이나 하려 들것이고, 턱뼈 같은 것을 뽑아 사용했으면 말이 많아 싸움이 그칠 날이 없을 것이라는 것입니다. 아담의 어깨뼈를 쓰셨으면 거들먹거릴 것이고, 목뼈를 사용하면 교만하였을 것이라고 합니다. 이런 뼈들을 사용했으면 행복한 짝이 될 수 없었다는 것입니다. 그러나 여자를 만든 갈비뼈는 팔 밑에 있으니 보호의 뜻이 있고, 심장과 가까우니 사랑의 이미지가 있으며 나란히 줄지어 있는 갈비뼈이기에 동고동락할 수 있는 것이 아닌가 하고 대답을 합니다.

　여자와 남자는 한 뼈를 함께 나눈 관계에 있기에, 때로는 생각이 다르고 원하는 것이 달라서 갈등하기도 하고 부딪치기도 하지만 그래도 내 몸같이 서로 사랑하기를 주님은 원하십니다.

스승에 대한 기억

　5월이 되면 왠지 마음에 걸리는 날이 있는데 스승의 날입니다. 저에게는 많은 선생님들이 계셨고 스승으로 내 마음에 남아 있는 선생님들이 있습니다. 그분들 가운데는 학교 선생님들이 있고, 교회 선생님 그리고 스승과 같은 목사님들이 있습니다.
　몇 년 전 어느 가을날, 노란 은행나무가 즐비하게 서 있는 우리 동네 길에서 갑자기 오래전 스승님으로 마음에 항상 남아있는 목사님이 내 머리에 스쳤고 운전 중에 내 눈에는 눈물이 고였습니다. 신학교를 졸업하고 부임하여 첫 번째 목회를 하던 교회의 목사님입니다. 신학교 때 목회학을 가르치시기도 하셨던 목사님은 아무 것도 몰랐던 전도사인 저에게 목회의 기본을 가르쳐 주셨고 목회자의 사랑과 정신 그리고 목회자의 길을 가르쳐 주셨습니다. 교육을 담당하고 있던 저에게 목회와 심방을 가르쳐 주시기 위해 심방 때에 데리고 다니시고 때로는 설교할 수 있는 기회를 주시기도 하셨습니다. 단순하게 심방하여 식사하는 것이 아니라 심방하기 전날 심방하는 가정을 위해 기도하고 여러 가지 준비하는 것을 가르쳐 주셨습니다. 목회의 전문가라는 것은 모든 사람들이 다할 수 있는 것을 끊임없이 중단하지 않고 하는 사람이라는 것을 몸으로 보여 주신 분이기도 합니다. 때로는 제가 부족하여 실수하고 잘못했을 때 그 잘못들을 지적하여 주시고 얼굴 뜨거울 정도로 꾸중하시기도 하지만, 동역자로서 나의 목회를 존중해주시고 나의 목회를 보이지 않게 지원해 주셨던 스승이었습니다. 무엇보다도 사람에 대한 관심과 자상함은 그 목사님으로부터 배웠습니다. 그 목사님의 교인들과 동역자에 대한 사랑과 자상함은 나로 하여금 내가 담임목사가 되면 저렇게 교인들을 아끼고 자상함으로 사랑해야지 하는 마음을 갖도록 해주신 삶의 스승입니다. 지금 스승님이 걸으셨던 목회의 길을 온전히 따라가지 못함이 부끄럽기만 합니다. 스승님처럼 목회를 진심으로 잘하면 스승님께 은혜를 갚는 것이라고 생각하며 매년 스승의 날을 보내곤 합니다. 시간이 지나 스승님이 떠나시면 너무 죄송해서 마음이 진심으로 아플 것입니다.

친구

아주 오래전 캐빈 코스트너가 주연한 "늑대와 함께 춤을"(Dances with Wolves)이라는 영화가 있습니다. 대자연의 풍광을 보여주는 웅장함이 있고 자연과 삶의 아름다움을 보여 주었던 기억에 남는 영화입니다. 음악이 무척 아름답기도 합니다. 주인공이 인디언들과의 언어적인 문제와 상호두려움과 불신을 극복하며 친구가 되어 살아가는 아름다운 이야기입니다. 인디언들에게 '늑대와 함께 춤을'이라 불리는 주인공 던바는 인디언 부족에서 자라난 백인 여자를 만나 사랑에 빠지게 되는데 그의 이름이 '주먹쥐고 일어나기'(Stands with a Fist)입니다. 인디언들은 단어를 만들어내지 않고, 설명하는 식으로 이름을 붙이고, 개념을 이해한다고 합니다. 그들에게 있어 친구는 '함께 슬픔을 지고 가는 사람'이라고 합니다. 그들이 알려주는 친구라는 개념은 단순한 것 같지만 강력한 의미를 전해주고 있습니다. 시간이 지남에 따라 오래 전 친구들이 머릿속에서 맴돌 때가 있습니다. 그들이 어떻게 지내고 있을까? 어떤 모습으로 살아가고 있을까? 궁금하기도 합니다. 인디언들에게 있어 친구는 함께 슬픔을 지고 가는 사람이라고 하는데 나에게는 그런 친구들이 얼마나 있는지 되돌아보기도 합니다. 고향을 떠나서 그리고 한국을 떠나 이곳 미국에 와서 친구들과의 관계가 많이 끊어진 것이 아쉽기만 합니다. 법정은 친구란 내 부름에 대한 메아리라고, 좋은 친구를 만나고 싶거든 내가 먼저 좋은 친구가 되어야 한다고 하는데 그렇지 못한 내 자신이 아쉽기만 합니다.

예수님은 우리를 친구라고 합니다. 주님의 말씀을 따라 준행하면 예수님의 친구가 되어 주신다고 합니다. 슬픔을 함께 지고 가는 사람이 친구라고 하는데, 예수님은 우리의 죄를 위하여, 우리의 고통과 아픔을 함께하시고 대신 우리의 십자가를 지고 가신 분입니다. 그런 좋은 친구를 주님으로 섬길 수 있다는 것이 감사하기만 합니다. 그런 귀한 친구의 사랑을 받았기에, 우리가 가진 사랑을 가까이 있는 친구들에게 전해야할 책임도 있습니다. 주님의 이름으로 친구를 사랑할 때 그들 또한 주님의 친구들이 될 것입니다.

한 사람의 중요성

우리 교회 건물을 찾기 위해 2년 전 산호세 지역의 많은 교회와 학교들을 방문한 적이 있습니다. 학교와 교회들을 방문하면서 새로운 것을 보기도 하고 깨닫기도 했으며 교회의 사명과 방향을 생각하도록 해주었던 좋은 경험이었습니다. 가능성이 있고 우리에게 필요한 규모의 교회를 찾아, 그 교회의 실무자를 만나는 것이 쉽지 않았습니다. 때로는 방문했다가 그들의 태도 때문에 낙심한 적도 있었고, 우리 같이 작은 개척교회를 배려하는 크리스천의 연대를 느끼며 힘을 얻기도 했습니다.

인상에 남는 한 교회가 있었는데 인도 교회였습니다. 아주 오래전, 지금은 문을 닫은 어느 한국교회가 소유하고 있었던 교회를 몇 년 전 인도 교회에서 구입하여 예배를 드리고 있었습니다. 다시 한국교회를 살린다고 하는 의도와 우리의 관심인 교실이 많다는 장점으로 인도 교회 실무자들을 만나 많은 대화를 나누었습니다. 그 인도 교회 실무자들을 만나기 전에는 인도 사람들에 대한 약간의 편견이 있었습니다. 이 지역에 많이 살고 있는 인도 사람들에 대하여 내가 가진 약간의 경험이 있기도 했지만 다른 사람들로부터 들은 인도 사람들에 대한 부정적인 평가였습니다. 자기중심적이고 예의바르지 못하며 고집이 강하다고 하는 것이었습니다. 다른 사람들이 그렇게 이야기를 하니 정말 그렇게 보였습니다. 그러나 인도 교회에 가서 실무자들을 여러 차례 만나면서 내 편견이 깨졌습니다. 그들은 우리가 다녀본 어느 교회보다 우리를 존중해 주었고, 예의가 있었으며, 작은 교회를 배려해 주는 마음이 있었습니다. 대화 과정에서 예배시간문제로 인해 교회사용이 더 이상 진행되지 못했지만 함께하지 못함이 아쉬웠습니다. 그 이후 인도 사람들에 대한 인상이 바뀌었고, 다른 사람들이 부정적인 평가를 하더라도 받아들이지 않게 되었습니다.

한 사람의 중요성을 다시 깨닫게 됩니다. 상징성을 가진 한 사람이 어떻게 하느냐에 따라 전체가 평가되어집니다. 한 사람 때문에 전체가 좋은 인상을 받기도 하고, 한사람 때문에 전체가 부정적인 평가를 받기도 합니다. 우리는 한국 사람이고 기독교인의 한사람이라는 것을 언제 어디서든 잊어서는 안 됩니다.

가까이 가는 사람들

　사랑하는 사람들은 멀리 떨어져 있지 않고 가까이 함께하려고 합니다. 가까이서 사랑하는 사람과 함께하고, 가까이서 사랑하는 사람을 보고 느끼기 위함입니다. 사람이 사람을 사랑하는 마음은 신비로운 것이라서 사람들은 사랑하는 사람의 곁에 더욱 가까이 가려는 본능과 갈증을 가지고 있습니다. 어느 두 사람이 서로 사랑하고 있는가 알 수 있는 방법은 그 사람이 얼마나 많은 시간 동안 가까이 있느냐를 보는 것입니다. 주변에서 젊은 친구들이 사랑하는 사람으로서 가까이 붙어 있는 모습을 보면 옛날 생각을 하며 슬며시 웃기도 하고, 무척이나 아름답구나 하는 생각을 하게 됩니다. 가까이 간다는 것은 마음이 움직여진다는 것이고, 함께하고 싶은 간절한 마음이 있음을 알려주는 현상입니다.

　맹자의 어머니가 맹자의 교육을 위해 집을 세 번이나 옮겼다는 맹모삼천지교(孟母三遷之敎)의 교훈이 있습니다. 교육의 환경으로 가까이 가려했던 맹모의 정성이었고 열성이었습니다. 때로는 사랑하면서도 가까이 가지 못하는 젊은 연인들의 아픈 마음이 있지만,

가까이 가지 못한다는 것은 마음이 움직여지지 않는다는 것이고, 사랑이나 좋아하는 마음이 아니라 멀리하고 싶은 마음이 앞서 있기 때문입니다.

　골고다 언덕길을 힘겹게 오르신 예수님은 십자가에 올려졌습니다. 굵은 대못에 의해 흘려진 붉은 피는 대지를 적셨고, 예수님의 고통을 가까이서 바라본 사람들의 마음을 적셨습니다. 영화에서는 높은 십자가이지만, 실제는 우리 키보다 약간 큰 십자가라고 역사는 말합니다. 피를 흘리시는 예수님께 가까이 갔던 사람들은 눈 앞, 아주 가까이에서 고통 가운데 피 흘리시는 예수님을 목격할 수 있었습니다. 그것은 예수님의 십자가 고통에 가까이 갔던 사람들의 찢어지는 아픔이자, 거룩한 동참이었습니다. 예수님의 십자가에 가까이 갔던 사람들은 진정으로 예수님을 사랑한 사람들입니다. 세상 사람들의 죄를 위해 돌아가신 예수님을 가까이서 본 그들이었기 때문에 그들의 삶은 평범한 삶이 될 수가 없었습니다. 예수님께 가까이 가는 사람은 믿는 자들에게 주어진 세상의 십자가에 가까이 가는 사람들입니다.

살아있는 쇼윈도우(Show Window)

우리가 사는 산호세에는 크고 작은 쇼핑몰들이 있습니다. 몇 년 전부터 고급스러운 쇼핑몰들이 주위에 생겨 많은 사람들이 쇼핑을 즐기는 모습을 보게 됩니다. 이런 쇼핑몰들의 특징은 쇼윈도우(Show Window)를 신경 써서 화려하게 만든다는 것입니다. 지나가는 사람들은 모두 손님이라 생각하고, 가게 안에 있는 상품들 가운데서 대표할 수 있는 좋은 상품을 쇼윈도우에 세련되게 설치를 해서 그것을 보고 손님들이 일단 들어오게 하는 전략이라 할 수 있습니다. 큰 백화점들은 쇼윈도우의 상품을 담당하는(display) 전문가들이 있다는 이야기를 들었습니다. 그 백화점의 얼굴과 같기 때문입니다. 손님들은 가게 안의 상품들을 다 볼 수는 없지만 쇼윈도우에 배치된 상품들을 보고 가게 안의 상품들의 스타일을 평가하여 들어갈 것인가 그냥 지나칠 것인가 결정을 하게 됩니다. 아무리 좋은 상품이 안에 있어도 지나가는 사람들이 쇼윈도우에 있는 상품을 보고 실망한다면 좋은 물건을 사람들에게 나눌 수 없습니다.

쇼윈도우는 좋은 백화점뿐만이 아니라 우리 삶의 곳곳에 있습니다. 주님의 몸된 이 땅의 교회는 하나님 나라의 쇼윈도우입니다. 사람들은 이 땅의 교회를 통해 하나님 나라를 보게 됩니다. 하나님을 모르는 사람들은 하나님 나라의 아름다움과 사랑을 모르기 때문에, 그들이 겉으로 볼 수 있는 교회를 통해 하나님의 나라를 느끼고 평가를 하는 것입니다. 하나님 나라의 쇼윈도우 같은 교회가 세상의 사람들에게 좋은 인상을 주고, 살아있는 평화의 모습을 보이면 사람들은 그 하나님의 나라에 발을 디딜 결정을 할 것입니다. 그러나 쇼윈도우에서 보이는 모습이 세상과 다를 바가 없고, 창조적이고 살아있는 평화가 아니라면 교회를 외면하게 될 것입니다. 우리 한 사람 한 사람은 세상에서 움직이는 하나님 나라의 쇼윈도우입니다. 거룩한 쇼윈도우가 되어야 할 우리가 세상 사람들에게 인정받지 못한다면, 주님의 몸인 교회와 하나님의 뜻이 이루어져야 할 하나님의 나라가 외면당하게 될 것입니다. 여러분은 살아있는 쇼윈도우입니다.

행복한 곳

고속도로 길가에는 회사나 상품을 알리는 대형 광고판들이 있습니다. 이 광고판을 눈여겨보면 의미 있는 광고 문안과 재미있는 그림으로 운전하는 사람들의 마음을 끕니다. 며칠 전 유스그룹(중고등부) 친구들을 차에 태우고 어떤 모임 장소로 가는데 880 도로에서 'Find your Happy Place'(당신이 행복한 곳을 찾으시오)라는 광고판을 보았습니다. 전에는 무심코 보고 지나갔는데 그날은 그 광고 문안이 나에게 무엇인가 물어보는 것 같았습니다. 그렇다면 내 행복한 장소는 어디인가 자문을 해 보았습니다. 문득 함께 있는 유스 친구들은 행복한 장소를 어떻게 생각하고 있는가 궁금해졌습니다. 차 안에 있던 친구들에게 질문을 했더니 여학생인 친구는 몇 년 전 만들어진 화려한 대형 쇼핑몰인 'Valleyfair'라고 했습니다. 아이들에겐 행복한 장소일 수 있을 것입니다. 돈을 주고 무엇인가 구입하지 않는다고 하더라도 아이들과 함께 다니며 구경도 하고 노는 것 자체가 재미있고 행복할 수 있을 것입니다. 그 친구는 화려한 쇼핑몰에 가면 행복을 느끼는 것 같았습니다. 한 친구는 행복한 곳이 어디냐는 질문에 교회라고 대답을 했습니다. 어린나이이고, 한창 뛰어노는 친구라는 것을 내가 알고 있는데 행복한 곳을 찾으라고 하니 교회라고 하는 대답을 들으며 가슴이 뿌듯했습니다. 교회를 자신에게 있어 행복한 곳이라고 생각하는 마음이 정말 아름다웠습니다.

그 친구들의 대답을 들으며 나에게 있어 진정으로 행복한 곳이 어디인가 그날부터 생각해 보았습니다. 목사이기에 자연스럽게 교회라고 하고, 크리스천 가정을 가르치는 목회자로서 행복한 곳이 가정이라고 할 수 있지만, 내가 진정으로 마음속 깊은 곳에서 행복한 곳으로 받아들이고 있느냐 하는 것입니다. 교회와 가정을 행복한 곳으로 만들기 위해 내 자신이 얼마나 노력했는가 생각해 보면 부끄럽기만 합니다. 하나님의 뜻이 이루어지는 곳이 가정이라면 그곳이 가장 행복한 곳이고, 하나님의 뜻이 지배하는 곳이 교회라면 그곳이 가장 행복한 곳입니다. 여러분의 행복한 그곳은 어디인가요?

직접 만나야

　저는 서점에 가는 것을 좋아합니다. 새로운 책이나 갖고 싶은 책을 구입하기도 하지만 요즘 어떤 책들이 나오고 읽히는지 느껴보기도 하고 관심 있는 책을 열어 어떤 책인가 알아보는 재미도 누려봅니다. 바쁜 생활 가운데 서점에 가서 편한 마음으로 책을 들쳐보는 때가 나에게는 마음의 여유를 가지는 시간입니다. 목회자로서 내 경제적인 만족은 마음껏 책을 사 볼 수 있는 것과 교인들 만나 식사를 사줄 수 있는 정도라고 오래 전부터 생각을 해 왔습니다.
　세상에는 너무 많은 책이 출판되기 때문에 때로는 책 선택하는 것이 쉽지 않습니다. 그런 우리를 도와주기 위해 서평이라는 분야가 있습니다. 신문에도 잡지에도 신간들을 소개하는 서평이 나와 책을 구입하는 독자들에게 도움을 줍니다. 실제로 서평을 읽고 책 소개를 받아 구입하는 경우도 많이 있습니다. 그런데 때로는 좋은 책인데도 불구하고 서평만을 읽고 판단하여 책을 읽지 않기도 하고, 읽지 않아도 될 책을 좋은 서평 때문에 읽은 적도 있습니다. 서평만을 읽고 책을 읽은 척하는 경우도 있습니다. 책을 읽지 않아도 될 정도로 서평이 잘 정리되어 있어 책을 다 읽을 필요가 없기 때문입니다. 바쁜 생활 가운데 책을 다 읽을 수 없기에 간추린 서평만을 읽는 것도 삶의 효율성이라고 말하기도 하지만, 그러나 책은 다른 사람의 관점으로 쓴 서평을 읽어야 하는 것이 아니라, 직접 그 책을 읽어야 합니다. 책 읽기와 서평은 큰 차이가 있습니다. 영화평을 읽어야 하는 것이 아니라, 영화를 보아야 합니다.

책이나 영화뿐만이 아니라 사람도 마찬가지입니다. 사람도 다른 사람들이 판단하고 이야기하는 것으로 그 사람을 받아들이는 것이 아니라, 그 사람과의 만남과 나눔을 통해 그 사람을 받아들여야 합니다. 그래야 인간관계가 바르게 됩니다. 다른 사람들이 판단해준 그 사람이 아니라, 내가 함께하면서 부딪쳐본 사람이 내 사람이 되는 것입니다. 그래야 그 사람의 약점과 허물에도 불구하고 그를 이해하고 용납하며 삶을 나눌 수 있습니다. 우리 예수님도 직접 만나야 하는 분이지, 예수님에 대한(about) 책을 읽고 공부만 해서는 그분을 알 수 없습니다.

군살을 빼야

　건강에 대한 사람들의 관심이 늘어나면서 우리 주위에 헬스클럽이 많이 생겼습니다. 멤버십을 사는데 적지 않은 돈이 들기 때문에 모든 사람들이 이용하지는 못하지만, 부지런한 사람들과 적극적인 사람들은 다른 돈을 줄이고 건강을 위해 헬스클럽과 친해지는 것을 볼 수 있습니다. 때때로 교회 근처에 있는 헬스클럽을 들여다볼 때가 있는데, 그들은 참으로 부지런한 사람들이고, 저런 운동을 지속적으로 할 수 있는 사람이라면 어떤 일을 맡겨도 잘하겠다는 생각을 하곤 합니다. 헬스클럽에 수영장이나 요가, 에어로빅 공간이 있는 곳도 있지만, 대부분 걷는 운동과 근육운동을 위해 필요한 기계들이 설치되어 있습니다. 30세가 지나면 우리의 근육이 약해지기 시작하기에 건강을 위해서는 근육을 유지하기 위한 운동을 해야 한다고 전문가들은 말합니다. 우리의 근육이 쉽게 변하지 않기에, 특히 나이가 들어서 근육운동을 하면 오랜 시간이 지나서야 변화가 있기에 지속적으로 하는 것이 쉽지 않지만, 그럼에도 몸과 마음이 건강한 삶을 위해서는 헬스클럽에서든지, 집에서든지 근육운동을 해야 할 것을 권하고 있습니다. 집에서도 팔굽혀펴기나 아령 등으로 충분히 할 수 있습니다. 근육운동에 있어 주의할 것은 과체중이나 비만 등으로 살이 찐 사람들은 근육운동을 하기 전에 먼저 살을 빼야한다는 것입니다. 살을 빼지 않은 채로 근육운동을 하면 나중에 더 큰 어려움을 겪는다는 것입니다. 보디빌딩 전문가들은 살을 빼지 않고 근육을 만들면 아무 소용이 없다고까지 경고합니다. 살을 빼고 근육운동을 해야 온전한 근육이 되어 건강한 육체를 가질 수 있다고 합니다.

　근육운동뿐만 아니라 우리의 인생도 마찬가지로 군살을 빼야 합니다. 건강하지 못한 삶으로 인해 우리 마음에 들어와 있는 욕심의 군살과 필요 없는 생각의 군살을 빼야 합니다. 다른 사람들을 받아들이지 못하는 질투의 군살과 내 중심의 삶을 위한 이기심의 군살 그리고 다른 사람들을 인정하지 못하는 교만의 군살을 빼야 하나님의 좋은 세상에서 온전한 삶을 살아갈 수 있는 건강한 삶의 근육이 만들어지는 것입니다. 그래야 사람들을 사랑하고 도울 수 있습니다.

살아있는 보석

　미국 특히 산호세 지역에 살아가면서 중국 사람들과 더불어 살아가고 있습니다. 우리 한인들이 백인들처럼 중국 사람들을 인정하지는 않지만, 그들의 위치와 역할로 인해 우습게보지는 않습니다. 같은 동양인이기에 중국 사람들이나 일본 사람들과 더욱 가깝게 지내고 연대를 해야 할 것 같은데 아쉽게도 우리의 정서는 그렇지 못합니다. 이 지역의 공립학교들 가운데 실력이 좋은 학교는 중국 학생들이 많은 학교입니다. 우리보다 오랜 이민 역사를 가지고 있긴 하지만, 그들의 교육열은 우리 한국 사람들이 생각하는 이상입니다.

　며칠 전 교회건물 계약 때문에 근처 중국 교회의 집사님이 오셨습니다. 서로 인사하고 소개하는 과정에서 한자(漢子)를 아는 나에게 자신의 이름을 중국어와 한자로 알려주었습니다. 성이 왕(王) 씨인 그는 자기 이름의 가운데 자가 '지'(之)라고 하면서 가문의 돌림자라고 했습니다. 우리 한국 사람들도 가문의 돌림자가 있다고 했더니, 자기 가족의 돌림자를 소개해 주었습니다. 자신의 돌림자는 學乃生之寶(학내생지보) 가운데 지(之)자라고 하는 것이었습니다. 돌림자를 소개하면서 '학문(배움)이라는 것은 살아있는 보석이 될 것이다' 라는 뜻을 가지고 있다고 말했습니다. 그 집사님은 회사의 책임자로 있다가 은퇴하신 분으로 공부를 많이 하신 분이었습니다. 웃으면서 자기의 아들들은 미국에서 돌림자를 따르지 않았다고 했습니다. 그들의 돌림자와 이름을 보면서 중국 사람들의 학문에 대한 열심을 느낄 수 있었습니다.

배움이라는 것은 지금 당장은 열매를 얻을 수 없지만 시간이 지나서 보석이 되는 것입니다. 지금 당장 보석을 원하면 배움이라는 것은 시작할 수가 없지만, 내일에 대한 희망과 기대를 가지고 있다면 배움에 최선을 다해야 합니다. 우리 인생에 늦음은 없습니다. 배움에 발을 들여놓지 않음은 게으름과 현재의 삶에 안주하고자 하는 마음이 있기 때문입니다. 뿐만 아니라 지금도 괜찮다고 하는 교만도 함께 있는 것입니다. 배움은 학교에서만 이루어지는 것이 아니라, 우리 삶의 모든 곳에서 이루어집니다. 배움에 대한 눈과 마음을 열면 삶의 모든 공간이 배움의 교실이 됩니다. 좋은 세상을 원하면 배움에 도전을 하십시오.

프로로 살아가기

오래전 한국에서 연극배우 윤석화가 텔레비전 토크쇼에 나와 연극에 대한 이야기를 나눈 적이 있습니다. 사회자가 당시 유명했던 연극의 한 장면을 보여 달라고 했는데, 윤석화는 잠시 머리를 숙이고 감정을 다듬은 다음 머리를 들었는데 얼굴이 달라 있었습니다. 감정이입이 되었던 것입니다. 한 장면의 대사를 하는데 눈에서 주르르 눈물이 흐르고 있었습니다. 그때 그 모습을 보면서 윤석화는 연극의 프로(professional)구나 하는 생각을 했었습니다. 탱크 최경주는 골프게임을 할 때 거의 얼굴의 변화가 없습니다. 승리했을 때나 검게 탄 얼굴에서 흰 이빨을 드러내고 웃지 경기 중에는 거의 표정 변화가 없습니다. 게임을 할 때 혼자 하는 것이 아니라, 보통 네 명의 선수들이 함께 하고, 거기에 수많은 갤러리(구경꾼)들이 바라보고 있기에 긴장하고 흔들릴 수 있을 것 같은데 큰 변화 없이 스코어를 올리는 것을 보면 최경주는 확실히 프로구나 하는 생각을 하게 됩니다.

신학교를 졸업하고 첫 번째 목회를 할 때 제 목회의 사부(師父)라고 부르는 목사님께서 교인들에게 생일이 되면 정성이 담긴 생일카드를 성실하게 보내셨습니다. 교인들이 많았기 때문에 일주일에도 수십 통인데 변함없이 보내셨습니다. 카드 한 통을 보내는 것은 어렵지 않습니다. 그러나 많은 양을 변함없이 보내는 것은 쉽지 않습니다. 목사님을 보면서 프로와 아마추어는 같은 일을 지속적으로 할 수 있느냐 아니면 오래 하지 못하느냐의 차이라는 것을 깨달았습니다.

우리가 프로로 살아갈 것이냐 아마추어로 살아갈 것이냐는 우리의 선택입니다. 자기가 하는 일에 대한 애정과 열정이 있는 사람은 작은 것 하나 소홀히 하지 않는 프로입니다. 하나님을 믿는 것도 아마추어가 아니라 프로가 되어야 합니다. 교회를 섬기는 일도 세상을 위해 헌신하는 것도 프로가 되어야 합니다. 교인들을 섬기는 일과 교인들과 함께하는 모든 일도 프로가 되어야 거기에 새로운 역사가 일어납니다. 나약한 삶으로는 아마추어를 극복하지 못합니다. 저도 사람을 사랑하는 일에 프로가 되고 싶습니다.

기억에 남는 사람

　우리 마음에는 기억에 남아있는 사람들이 있습니다. 아름다운 기억이든, 그렇지 못하든 우리에게는 기억 속에 남아있는 사람들이 있어 그들을 기억하면서 자신을 돌아보게 됩니다. 뿐만 아니라, 다른 사람들의 기억 속에 아름답게 남아있다는 것은 행복한 일입니다. 엊그제 15일은 스승의 날입니다. 한국을 떠나 있기에 스승과 같은 분들이 한국에 있어 제대로 감사의 인사를 하지 못하는 안타까움과 아쉬움을 가지고 있습니다. 신문에서 스승의 날에 대한 이야기를 듣고, 한국에 계신 스승님들께 정말 오랜만에 전화를 하고, 연세가 드신 어떤 스승님께는 꽃바구니를 보내드렸습니다. 스승님들도 기쁘시겠지만 저는 더욱 반가웠고 기쁜 마음이었습니다.

　신문에 한국의 교사들이 스승의 날에 보고 싶어 하는 은사가 누구인가 하는 설문에 인격적으로 모범이 된 분이 첫 번째이고, 유머가 있고 학생을 잘 이해해 준 분이 두 번째라는 기사가 실렸습니다. 재미있는 것은 교사들이 스승의 날에 기억나는 제자는 누구인가 하는 것이었습니다. 저도 궁금해서 읽어보았는데, 첫 번째 기억나는 제자는 공부는 잘하지 못했지만 성실하던 제자였습니다. 두 번째는 예의 바르고 솔선수범한 제자였습니다. 그리고 다음은 말썽을 피운 제자였습니다. 읽고 나서 저를 생각해보니 공부를 잘하지 못했는데 성실하지도 못했던 것 같고, 예의 바르긴 했던 것 같은데 솔선수범하지 못한 제자였던 것 같아 부끄러운 마음이 들었습니다. 나를 기억하는 선생님들이 계실까 자문해 봅니다.

    스승이 제자를 기억하듯이, 하나님께서 기억하는 제자들이 누구인가 생각해 보았습니다. 하나님 안에 있는 모든 사람을 기억하고 계시지만, 더욱 기억나는, 더욱 바라보고 있는 제자는 누구인가. 아마 주님은 공부를 잘 못해서 세상적으로 성공하지 못했든지, 아니면 삶에 대한 애정과 열정 속에서 성공했든지 관계없이 하나님 앞에 신실한 사람, 세상의 약함과 부족함 때문에 더욱 하나님 앞에 매달리고 의지하며 자신의 삶을 하나님 앞에 철저하게 드렸던 신실한 제자를 기억하실 것입니다. 우리는 하나님께 기억되는 사람인가 마음 깊이 고민해야 합니다.

인생 레시피(recipe)

집사람이 아끼고 소중하게 여기는 몇 가지가 있는데 그중의 하나가 요리의 조리법(recipe, 레시피)을 모아놓고 기록해 놓은 노트입니다. 틈틈이 교인들을 위해 여러 종류의 음식을 만들어야 하는 집사람은 틈나는 대로 책에서, 요리 채널에서, 신문에서, 인터넷에서 레시피를 모아 요리 자료집을 만들어가고 있습니다. 사람에 따라서, 상황에 따라서, 계절에 따라서 요리를 다양하게 해야 한다고 생각하기에 평상시 요리자료를 모으고 레시피에 따라 음식을 준비하곤 합니다. 우리 집에는 요리책도 적지 않게 있는데 반절 정도는 내가 서점에서 직접 구입한 책입니다. 목장을 위해 수고하는 목자들을 위해 내가 직접 음식을 준비할 때가 있는데 그때마다 그 요리책을 참고하여 요리를 하곤 합니다. 물론 집사람이 모아놓은 요리 자료집을 볼 때도 있고, 인터넷을 통하여 레시피를 받곤 합니다. 많은 경험이 없기도 하지만, 특히 새로운 요리를 할 때는 전문가들이 만들어 놓은 요리법이 중요한 역할을 합니다. 들어가는 재료의 양과 조리법, 주의해야 할 것들이 잘 정리되어 있기 때문에 대체로 그 조리법대로 하면 맛있는 음식이 나오게 됩니다. 조리법이 있다고 해서 음식이 나오고 음식 맛이 좋아지는 것은 아닙니다. 당연히 그 조리법에 따라 음식을 직접 만들어야 좋은 음식이 되는 것입니다.

    요리에 레시피가 있듯이 우리 인생에도 인생의 참 맛을 위해 필요한 레시피가 있습니다. 그것이 바로 성경입니다. 성경은 우리가 어떻게 인생을 살아가야 맛있고, 멋있는 삶이 될 수 있을까를 위해 오랜 역사와 문화를 통해 전해주신 하나님의 인생 요리법입니다. 때에 따라서, 사람에 따라서, 사건에 따라서 다양한 삶을 살아야 하는 세상 사람들에게 우리 인생에 들어가야 하는 삶의 재료들이 무엇인지, 그것을 어떻게 조화시켜서 맛있게 만들 수 있는지를 여러 형식을 통해 가르쳐 주시는 인생 레시피입니다. 인생 레시피인 성경을 가지고 있다고 해서 맛있는 인생이 되지 않습니다. 그 레시피대로 인생을 만들어갈 때에만 맛있는 인생, 후회하지 않는 인생이 됩니다.

버려야 얻는 것들

형제와 같이 지내는 미국 교회에서 교회 청소를 한다는 것을 주보를 통해 알고 나서 이런 때 우리 교회에 많은 도움을 주고, 귀한 교회 공간을 우리와 함께 나누는 교회를 위해 일했으면 하는 마음이 있었습니다. 수요일 찬양기도회에서 말을 했고, 자원하는 분들은 토요일 아침 일찍 나올 것을 부탁했습니다. 새벽기도가 끝나고 미국 교인들이 몇 사람 나오고, 우리 교회 집사님 두 분이 나와서 함께 작업을 시작했습니다. 그날 작업은 교회 창고와 본당을 정리하고 청소하는 일이었습니다.

교회 창고에는 오래전부터 보관해온 물품들과 기계들이 엄청나게 있었습니다. 때로 그 창고를 열고 작업을 할 때가 있었는데 무엇인가 항상 가득하게 채워져 있어서 빈틈이 없었습니다. 그날은 작심을 해서 그런지 창고 안에 있는 오래되고 제대로 사용하지 않는 것들을 큰 쓰레기 컨테이너를 빌려다 놓고 엄청나게 버렸습니다. 무엇이 그리 많은지 꽤 오랜 시간 동안 정리하면서 버릴 것은 버리고, 보관해야 할 것은 잘 사용할 수 있도록 정리를 하고 나니 그 창고가 완전히 변화되었습니다. 여러 가지 오래된 물품들이 가득하게 있었던 곳이 넓은 빈 공간이 된 것입니다. 원래는 꽤 넓은 공간이었음을 보게 되었습니다. 새로운 공간은 이렇게 만들어지는가 봅니다.

    내 삶의 구석구석을 보니 부끄럽게도 미련 때문에 버리지 못했던 것들이 곳곳에 쌓여있는 것들을 볼 수 있었습니다. 교회 창고를 정리하면서 내 삶에서도 쓰레기와 같은 것들, 사용하지도 않으면서 미련 때문에 오랫동안 보관만 해온 필요 없는 것들을 버려야 사고의 새로운 공간이 생길 수 있다는 것을 깨달았습니다. 내 안에 있는 사용하지도 않는 것들을 비우지 않는 한 새로운 것이 절대 들어올 수 없다는 것을 알게 된 것입니다. 우리의 시간도 마찬가지일 것입니다. 창조적이지 못하고 효율적이지 못한 것들에 사용하는 시간들이 많으면, 분명히 그것 때문에 새로운 역사를 위한 시간이 내 안에서 만들어지지 못하게 될 것입니다.

점을 찍는 사람들

한국을 방문하여 고향에서 부모님과 많은 시간을 보냈습니다. 그곳에서 이젠 연세가 많이 드신 고향 교회의 어른들을 만나기도 하고, 이미 은퇴하신 학교 선생님들을 만나기도 했으며 흩어져 있는 친구들을 만나는 좋은 시간을 보냈습니다. 그 가운데 중학교 때의 선생님들은 부족한 나를 알아주고 삶의 꿈을 불어 넣어주셨던 스승님들이었습니다. 선생님들께 항상 빚진 마음이었는데, 그 사랑과 배움의 빚을 조금이나마 갚기 위해 점심식사를 대접할 수 있는 좋은 기회를 가졌습니다. 마침 중학교 때 담임 선생님 세 분이 모두 계셨습니다. 정말 오랜만에 선생님들과 함께하는 식사였고, 마치 중학교 때로 돌아간 것 같았습니다.

이제 선생님들은 연세가 들어 은퇴하시고 시골 교회를 열심히 섬기고 계셨습니다. 선생님들은 교직에 계셨던 오랜 시간 동안 사랑과 가르침의 점들을 찍어 오셨던 분들입니다. 사람들이 알아주든, 안 알아주든 관계없이 열악한 상황에서도 부단하게 점을 찍어 오셨던 분들입니다. 선생님들이 찍었던 그 많은 점들은 생명력으로 이어져

선을 이루었고, 정성어린 선들이 연결되어 작은 공간을 이루었습니다. 작은 공간들이 이어져 큰 공간이 되어 그 안에서 제자들이 그리고 우리 사회가 무엇인가를 담을 수 있게 되었습니다. 그 점들을 찍었던 선생님들이 안 계셨다면 지금의 내가 될 수 없었을 것입니다.

   이 세상은 묵묵히 작은 점을 찍는 사람들이 곳곳에 존재하기에 생명이 유지되고 있습니다. 공간은 선들의 연결입니다. 선들은 점들의 연속이라고 중학교 때 수학 시간에 배웠습니다. 작은 점이 없다면 선을 만들 수 없습니다. 특히 우리 한국 사회의 역사에서 하나님의 뜻에 따라 부단하게 묵묵히 점을 찍어온 믿음의 사람들이 없었다면 한국교회는 지금의 모습을 가질 수 없었을 것입니다. 그런 사람들이 찍는 작은 점들은 세상 사람들이 보기에는 작고 보잘 것 없지만, 하나님이 보시기에는 그의 몸된 교회를 이루는 귀중한 것입니다. 이제 우리가 점을 찍어야 할 때입니다.

목표 바라보기

　청량리에서 기차를 타고 원주에 가다보면 간현이라는 작은 동네를 지나가게 됩니다. 산세가 좋고 강물이 흐르는 아름다운 유원지로 많이 알려져 있고 여름철이면 많은 사람들이 놀러오는 곳입니다. 그런데 깊은 산에서 내려오는 맑은 물을 가르는 철교의 한편에는 사람들이 노는 유원지가 있고, 철교의 건너편에는 유격장이 있습니다. 지금부터 이십여 년 전 여름마다 일주일씩 그곳에서 유격훈련을 받았습니다. 인간 이하의 취급을 받으면서 뛰고, 달리고, 뒹굴며 최악의 상태에서 일주일을 보냅니다. 훈련이 끝나고 철교 아래를 지나올 때의 감격은 이루 말할 수 없었습니다. 그때 받은 훈련 가운데 높은 산 절벽 위에서 줄을 타고 도르래를 이용해서 강 건너편 물로 떨어지는 과정이 있었습니다. 높은 절벽 위에서 깊은 물을 지나기에 생명선 고리를 줄에 연결해 놓아서 떨어져도 죽지는 않게 되어 있습니다. 줄을 타기 전 절벽 아래를 보면 섬뜩한 생각이 들 정도였습니다. 그때 교관이 했던 말이 생각납니다. 줄을 타고 내려가면서 아래를 절대 바라보지 말고 목표만을 바라보며 도르래를 굳게 잡고 큰소리 외치며 나아가라는 것입니다. 떨어져도 죽지는 않지만 아래를 바라보지 말라 했습니다. 그래서 두려움을 이기기 위해 큰소리를 외치며 하늘을 날았습니다.

눈에 보이는 것은 사람들의 마음을 두렵게 합니다. 나에게 직접 영향을 주지 않아도 마음에 두려움과 걱정을 준다는 것입니다. 애굽 노예의 삶을 버리고 출애굽을 한 히브리 백성은 홍해를 마주하게 됩니다. 애굽의 전사들이 곧 들이닥칠 상황에서 눈에 보이는 홍해는 그들을 두렵게 만들었고 오히려 애굽으로 돌아가자는 분열까지 생깁니다. 열 가지의 이적을 눈으로 목격했음에도 불구하고 능력의 하나님을 믿지 못하고, 당장 눈앞에 보이는 강물만을 바라보며 흔들렸다는 것입니다. 생명줄 고리와 같은 야웨 하나님이 그들을 붙잡고 동행하고 있음에도 눈에 보이는 것 때문에 그들은 약해졌던 것입니다. 우리의 삶 가운데 실상이 아닌 눈에 보이는 것 때문에 두려움을 갖는다면, 이제 믿음을 가지고 목표를 바라보아야 합니다.

익어가는 삶

　요즘 뜨거운 햇볕은 캘리포니아의 과일을 잘 익게 하면서 맛있는 과일로 거듭나게 해주고 있습니다. 며칠 전 황도를 먹을 기회가 있었는데, 적절하게 잘 익어 복숭아의 참 맛을 느끼게 해주었습니다. 엊그제 찬양팀 수련회에 가면서 곳곳에서 넓은 포도밭을 볼 수 있었습니다. 줄지어 끝없이 펼쳐진 포도밭을 보며 싱싱한 포도나무 잎새에 덮여져 잘 익어가고 있는 포도송이를 느끼게 해 주었습니다. 잘 익어가는 포도송이는 여름철이 지날 무렵 농부들이 수확하고, 포도주를 만드는 통에 담겨져 포도즙을 내고, 오크통에 담겨진 포도즙은 시간이 가면서 발효를 하여 좋은 포도주를 만들어 낼 것입니다. 매월 우리 교회 성찬식에 쓰일 포도송이들이 어딘가에서 잘 익어가고 있을 것입니다. 뜨거운 여름 날씨로 힘이 들지만, 뜨거운 햇볕에 잘 익어갈 과일과 들판의 곡식을 생각하면 이겨 나갈 만합니다.
　푸른 언덕의 집 부엌 너머에 있는 레몬나무의 레몬들이 싱싱하게 잘 익어가고 있습니다. 나무에 붙어 있어 잘 익어가는 레몬들 아래에는 바닥에 떨어진 레몬들이 적지 않습니다. 잘 익어가고 있는 레몬은 몇 주 전 야외예배 때 레몬레이드가 되어 더운 날 교인들의 목을 시원하게 해 주었습니다. 그러나 레몬나무에서 떨어진 레몬들은 시간이 가면서 색깔이 변하고 부패하고 있습니다.

음식도 마찬가지입니다. 우리가 먹는 김치는 잘 익어 발효된 음식입니다. 그러나 같은 음식인데도 발효되지 않고 부패되는 음식은 사람들에게 독이 되기에 외면되어 버려집니다. 사람도 시간이 가면서 익어가는 사람들이 있고, 부패되는 사람들이 있습니다. 하나님의 생명력을 가진 사람들은 시간이 가면서도 익어가며 맛있는 사람이 되지만, 인격 안에 생명력을 가지지 못한 사람들은 익어가는 것이 아니라, 인간의 탐욕과 약함으로 인해 부패되어 가는 것입니다. 우리 삶을 익어가게 만드느냐 아니면 부패하게 만드느냐는 우리의 선택입니다. 나 자신이 곰팡이가 되어 부패하게 살 것이냐, 유산균이 되어 발효된 인간으로 사느냐는 우리에게 달려있습니다.

안단테와 피아노의 삶

　예배 시간의 성가대 찬양은 하나님께 영광을 돌리는 시간이지만, 찬양을 듣는 회중들에게는 하나님의 영광을 체험하는 시간이요 은혜의 시간입니다. 동일한 성가를 가지고 찬양을 한다고 해서 모든 성가대가 같은 느낌을 주는 것은 아닙니다. 그것은 악보를 읽고 해석하는 지휘자의 선택과 인도에 응답하는 성가대원에 달려있기 때문입니다. 성가대의 악보에는 여러 종류의 음악 기호들이 있습니다. 작곡가의 의도가 담겨있는 기호이지만, 지휘자의 손에 넘어오면 그 다음부터는 지휘자의 해석과 적용에 따라 지휘자가 의도했던 곡보다 더욱 아름다운 성가가 만들어지는 것입니다. 찬양이 시작되면 세게(포르테) 부르기도 하고, 조금 여리게(메조피아노) 부르기도 합니다. 점점 세게(크레센도) 부르다가 매우 여리게(피아니시모) 불러 성가에 감정을 불어넣게 됩니다. 빠르기에 있어서도 보통 빠르게(모데라토)로 부르다가 빠르게(알레그로) 부르기도 하며 아주 느리게(라르고) 불러 찬양을 부르는 사람들과 듣는 회중들에게 감정의 변화를 통하여 찬양의 생명력을 불어넣게 됩니다. 찬양을 하는데 속도에 변화가 없거나 세게 혹은 약하게가 없다면 무미한 음악이 되어 감동을 주지 못하게 되는 것입니다.

성가대 악보의 음악 기호를 보면서 우리 인생도 마찬가지리라 생각합니다. 우리 인생에 있어 빠르게(알레그로)와 느리게(안단테)가 잘 조화되고, 세게(포르테)와 여리게(피아노)의 조화가 있게 될 때 감동적인 인생, 복된 인생을 살아갈 수가 있는 것입니다. 우리 사회는 알레그로를 지나 어떤 때는 비바체의 삶을 살아가고 있습니다. 급변하고 다변화된 사회에서 살아가기 때문에 알레그로의 삶을 살아가고 있지만, 계속된 알레그로와 비바체의 삶은 우리를 지치게 만들고 건조하게 만들며 내적으로 긴장이 모아져 내적 문제를 만들게 되는 것입니다. 그런 삶에서 푸른 하늘과 사람들의 미소를 바라볼 수 있도록 안단테(느리게)와 피아노(여리게)의 삶을 살아가도록 전환이 되어야 합니다. 조금은 손해 보는 것 같지만 안단테와 피아노의 삶은 우리 삶을 의미 있게 만들어 줄 수 있습니다.

취석파옹(取石破甕)

　중국 송나라의 뛰어난 정치가이자 학문에 조예가 깊었던 사마광이 어렸을 때 그의 기지에 대한 이야기가 있습니다. 여러 아이들과 함께 더불어 놀다가 물이 가득 찬 항아리 위에서 놀던 한 아이가 항아리 속으로 빠진 적이 있습니다. 그때 보고 있던 어른들은 어찌할 바를 몰라 허둥대기만 했습니다. 그 모습을 보고 있던 사마광은 주저 없이 돌로 항아리를 깨고 그 아이를 구했습니다. 이것을 사마광의 '취석파옹'(取石破甕: 돌을 취하여 항아리를 깨다)이라고 합니다. 만일 그가 항아리를 깰 것인지, 말 것인지 결단을 못 내리고 고민했다면, 아이는 살아날 수 없었을지도 모릅니다. 결단을 해야 하는 순간에 바른 선택을 한다는 것은 자기와 다른 사람들의 생명을 구할 수 있을 뿐만 아니라 공동체에 새로운 생명력을 불어 넣어줄 수 있습니다. 어른들이나 다른 아이들이 옆에서 아이가 물에 빠졌을 때 바른 결단을 하고 항아리를 깨지 못했던 것은 항아리를 깨야겠다는 생각을 못해서가 아니라, 감히 아까운 항아리를 깰 수 없다는 생각이 더 강하게 지배했는지 모릅니다. 빠진 어린아이가 급했지만, 온전한 항아리를 깬다는 것은 자기 것을 버려야 하는 결단이 필요했기 때문에 주저하고 허둥대기만 한 것입니다.

우리의 삶도 마찬가지입니다. 때로는 우리가 나아가고자 하는 길과 창조적인 삶을 가로막는 나 자신의 항아리들이 있습니다. 내가 물질이나 쾌락, 명예나 탐욕의 물을 가득 채운 항아리에 빠져 있으면서도 그리고 그 항아리를 깨야한다는 것을 알고 있으면서도 행하지 못하여 허우적거리는 삶을 살아가는 것입니다. 세상의 물이 가득 차 있는 항아리를 깨는 결단을 하지 못하는 것은 자신을 지켜주던 그 항아리가 아깝기 때문입니다. 진정 자신의 생명과 삶을 살리려고 한다면 힘들고 어렵지만 자기의 항아리를 깨야 합니다. 하나님이 허락하신 생명의 물이 아니라 세상의 물에 빠져 아직도 허우적거리는 삶을 살아가고 있다면, 지금 결단하고 세상의 항아리를 깨야만 거듭난 삶을 만들어 갈 수 있습니다.

내 안의 도도새

국립해양대기청(NOAA)이 지구상에서 사라진 여덟 가지 동물을 발표한 적이 있습니다. 카리브해의 몽크바다표범, 초기의 코끼리였던 메리테리움, 베네수엘라의 늪지에 있었던 초대형 쥐 패테르소니 등이 포함되어 있었고 인도양의 도도새도 있었습니다. 그 가운데 도도새는 인도양의 모리셔스(Mauritius)섬에 서식했던 새였습니다. 섬에는 포유류가 없었고, 아주 다양한 종의 조류들이 울창한 숲에서 서식하고 있었습니다. 이 도도새는 매우 오랫동안 아무 방해 없이 살았고, 하늘을 날아야 할 필요가 없어져 그 능력을 잃게 되어 날 수가 없었습니다. 1500년대에 포르투갈인들이 최초로 섬에 발을 들여놓으면서 이 섬은 향료무역을 위한 중간 경유지가 되었고, 무게가 50파운드나 나가는 도도새는 신선한 고기를 원하는 선원들에게 좋은 사냥감이었습니다. 그 후에 죄수들과 돼지, 원숭이들이 이 섬에 유입되었고 바닥에 알을 낳았던 도도새의 알들은 원숭이와 돼지의 먹이가 되어 도도새의 생존은 위협을 받게 되었습니다. 그후 인간들의 남획과 환경에 적응하지 못한 도도새의 개체가 줄어들었고, 모리셔스섬에 인간이 발을 들여놓은 지 100년 만에 많은 수를 자랑하던 도도새는 희귀종이 되어버렸습니다.

도전받는 것이 없고 방해하는 것이 없어 하늘을 나는 능력을 잃어버렸던 도도새는 우리의 나약한 인간 삶에 경종과 함께 도전을 주고 있습니다. 우리 삶에 힘듦과 어려움이 없이 살아가는 사람들은 하나님께서 허락해 주셨던 인간의 강인함과 삶의 창조적 능력을 잃어버려 나약한 삶을 살아갈 뿐만 아니라, 패배하는 삶을 살아갈 수밖에 없습니다. 그러나 끊임없이 자신의 삶에 도전하는 힘듦과 고통을 피하지 않고 맞부딪치게 되면, 그 고통과 힘듦을 이겨내기 위한 힘과 능력 그리고 가능성이 만들어져 이 세상에 밀리지 않는 창조적 삶을 살아가게 됩니다. 삶에 힘든 도전이 없는 사람들, 도전을 받아들여 담대하게 싸워나가지 않는 사람들은 모리셔스섬의 도도새처럼 이 땅에서 약해지고 사라질 것입니다. 내 안의 도도새를 잡아내서 하늘을 향하여 날도록 도전하십시오.

영광의 순간에 하나님 기억하기

내가 어렸을 때 영웅은 한국 축구 선수들이었습니다. 야생마처럼 달리던 차범근이 영웅이었고, 박지성보다 더 부지런히 쉬지 않고 뛰었던 이영무는 우리의 영웅이었습니다. 아직도 인상에 남아 있는 것은 이영무가 결정적인 순간에 골인을 하고나면 무릎을 꿇고 기도하는 모습이었습니다. 골 세리머니(ceremony)로서 무릎을 꿇고 기도하는 것은 그 후에 크리스천 선수들이 골인을 했을 때 종종 볼 수 있었던 아름다운 모습이었습니다. 오랜 시간이 지나 그런 축구 영웅들은 은퇴하고 지도자의 길을 걷고 있습니다.

몇 년 전 이영무 선수가 이영무 목사가 되어 선교 축구단과 함께 이 지역을 방문하여 친선경기를 한 적이 있습니다. 그때 이영무 목사님은 골 세리머니에 대해서 흥미로운 이야기를 했습니다. 골을 넣고 무릎을 꿇어 기도하는 것이 쉬운 것 같은데 그것이 쉽지 않다는 것입니다. 골을 넣고 나면 선수로서 흥분이 되고 수많은 사람이 환호하기 때문에 무릎을 꿇고 기도하는 것이 어렵다는 것이었습니다. 영광의 순간에 하나님께 감사한다는 것은 대단한 믿음입니다. 미식축구(NFL)

의 꽃인 2007년 슈퍼볼에서 인디애나폴리스의 콜츠팀이 우승을 했습니다. 우승이 결정되자 감독과 모든 선수들이 함께 손을 맞잡고 경기장에서 기도하는 감동적인 모습을 보여주었습니다. 기도하는 선수들이 있었고, 팀 세리머니로서 하나가 된 팀웍을 보여주기 위해 손을 잡는 선수들이 있었을 것입니다. 그 엄청난 흥분의 순간에, 감독 토니 던지(Tony Dungy)는 "세상을 목적으로 살지 마십시오. 슈퍼볼 챔피언십, 우승반지, 명예, 재산도 그리스도가 없으면 아무것도 아닙니다. 우리는 세상적인 성공을 위해 부름 받은 것이 아니라, 신실하게 살도록 부름 받았습니다"라고 남겼습니다. 흥분의 감정을 다스리기 어려웠을 영광의 순간에 그리스도를 찾고 있었습니다. 그리스도가 그의 삶의 최우선이었기 때문입니다.

영광의 순간에, 혹은 절망의 순간에 하나님을 기억하고, 주님을 찾는 것은 믿음의 깊은 훈련이 있을 때 가능합니다. 그때 하나님은 위대한 삶을 인도하실 것입니다.

창조적인 삶을 위한 독서

　지난달 서울에 갔을 때 변화된 다양한 문화를 볼 수 있었습니다. 그중의 하나는 대중교통을 이용하면서 가만히 있는 사람이 별로 없다는 것입니다. 오래전 서울에 살 때에 대중교통을 많이 이용했는데, 당시에는 대부분의 사람들이 책이나 신문을 보든지 피곤해서 조는 경우가 많았습니다. 그런데 이번에 서울에 갔을 때 보니 지하철을 타든지 버스를 타든지 어느 곳에서든지 핸드폰(셀폰)을 가지고 문자를 보내든지 음악을 듣든지 무엇인가를 열심히 했고, 게임기 같은 새로운 기기를 가지고 영화나 드라마를 보는 사람들이 많았습니다. 문자를 보내는 손가락의 신속함은 대단했습니다. 책을 읽는 사람들이 간혹 있었지만 찾아보기 힘든 것이 아쉬웠습니다.

　내 생활 가운데도 컴퓨터와 인터넷은 분리될 수 없는 삶의 일부가 되었습니다. 컴퓨터를 켜고 이메일을 열어보는 일로부터 교회웹사이트를 열어 새로운 소식을 나누고, 신문이 아닌 인터넷뉴스를 통하여 한국과 미국 그리고 세계가 움직이는 것을 느끼고 있습니다. 책을 통하여 대부분 설교도 준비하고 글을 쓰는 영감을 얻지만, 인터넷을 통하여 많은 정보를 찾고, 실제 많은 도움을 받고 있으며, 사람들과의 나눔도 자연스럽게 인터넷을 통하여 이루어지고 있습니다. 요즘 내가 고민하는 문제는 인터넷을 통한 자료는 읽는 것이 아니라 보는 것이라는 것입니다. 책은 읽으며 생각도 하고, 책의 공간에 있는 여백을 통하여 사색의 쉼터도 찾고, 생각을 깊게 하려는 노력을 하는데, 인터넷은 생각의 깊이를 만들지 못합니다. 책을 읽는 과정을 통해 생각이 깊어져야 내 삶을 정확히 보고 변화해 가며 세상에 영향을 주는데, 인터넷의 문화는 보는 것이기 때문에 정보의 획득에 그친다는 것입니다.

세상의 흐름에 역행할 수 없지만, 균형 있는 삶을 살아가기 위해서는 책을 가까이 해야 하고, 책을 통해 우리의 삶을 심화시키며, 독서를 통해 창조적인 삶을 만들어 가야 합니다. 씨가 돌짝밭에 뿌려지면 싹은 나지만 흙이 깊지 아니하므로 싹이 나오나 말라버린다고 하는 주님의 소리에 귀를 기울여야 합니다.

진정으로 보아야 할 가치

　요즘 깨어있는 자들의 관심은 지구온난화 문제입니다. 하나님께서 우리에게 허락하시고 맡겨주신 지구가 심하게 진통을 하고 있기에 환경의 변화에 대하여 걱정과 고민을 하고 있습니다. 특히 요즘의 기상이변에 대하여 예의주시하고 있습니다. 20년에 한 번 오던 폭염이 21세기 중반이면 3년에 한 번 꼴로 오고, 20년에 한 번 오던 폭우가 21세기 말이면 5년마다 온다고 예상하고 있습니다. 한쪽에서는 불볕더위로 땅이 바짝바짝 타들어가고, 다른 한쪽에서는 홍수로 물에 잠기는 일이 빈발할 것인데, 이 모든 것이 지구온난화 때문이라는 것입니다.

　얼마 전 한국에도 홍수로 인해 많은 피해가 있었는데, 역시 미국의 중부지역에도 홍수로 인해 극심한 피해를 입었고, 농사지역의 피해로 경제에도 큰 영향이 있다는 기사를 보았습니다. 폭우가 잦아도 대지가 물을 빨아들일 수 있다면 홍수의 위험은 줄어드는데, 인간들의 욕심으로 인해, 다시 말해 개발 욕심으로 인해 천연의 흡수장치를 상실했다는 마음 아픈 사실을 알려주었습니다. 20세기 초만 해도 미시시피강 양안에는 수마일의 습지대가 펼쳐져 있었는데, 그 습지대는 폭우로 강이 넘칠 때마다 잡초들의 깊고 억센 뿌리가 물을 빨아들여 범람을 막는 역할을 했다는 것입니다. 이런 완충장치가 사라진 곳에 폭우가 쏟아지자 성난 파도처럼 들끓으며 대홍수가 되었다는 것입니다. 키 크고 억센 잡초들로 가득한 무성한 황무지가 사람들의 눈에는 별 볼 일 없는 땅이었지만, 하나님께서 허락하신 자연에 의미 없는 땅은 없습니다. 중국의 고서에 "사슴을 쫓는 자는 산을 보지 못하고 금을 움켜쥐려는 자는 사람을 보지 못한다"(축록자불견산 확금자불견인 逐鹿者不見山 攫金者不見人)라는 말이 있습니다. 사슴이라는 목표, 금이라는 성과에 너무 집착하면 정작 중요한 것을 보지 못하게 됩니다.

사슴과 금을 쫓는 삶은 우리 삶에도, 믿음에도 똑같습니다. 진정 보아야 할 것은 보지 못하고, 소중하게 여겨야 할 것을 모르면 가장 귀한 것을 잃어버리게 됩니다.

삶으로 남기는 마지막 메시지

　시한부 선고를 받고도 밝은 미소로 삶과 꿈을 이야기했던 랜디 포시가 얼마 전 생을 마쳤습니다. 그리고 그의 마지막 강의도 마쳤습니다. 카네기멜런대학의 공학박사요 공대교수이며, 가상현실 분야의 개척자였던 그는 성공한 사람이었습니다. 그러나 췌장암으로 인해 48세라는 젊은 나이에 사랑하는 사람들의 곁을 떠났습니다. 동영상으로 2007년 9월 그의 마지막 강의를 볼 수 있는 기회가 있었는데, 죽음을 알고 있고, 죽음을 앞두고 있는 사람으로 볼 수 없을 정도로 밝고 유머가 있는 사람이었습니다. 췌장암에 걸렸다는 것을 당당하게 CT촬영한 사진으로 보여주었고, 한 손으로 여유 있게 팔굽혀 펴기까지 해보였습니다. 어린 시절의 꿈을 실현하는 법이란 주제로 정말 밝게 그의 삶을 나누었던 포시 교수의 강의는 시한부 인생을 살아가는 사람들에게 희망을 주었고, 사랑하는 사람들과 많은 시간을 보내지 못한 사람들에게는 새로운 삶의 방향을 주었으며, 자살하려는 마음을 가졌던 사람들에게 새로운 용기를 주었습니다. 자기의 어린아이들에게 세 마디만 남길 수 있다면 "Tell the Truth"(진실을 말하렴) 이 세 마디라고, 세 마디를 더 보탤 수 있다면 "All the Time"(언제나)이라고 말합니다. 마지막으로 어린아이들에게 하고 싶은 말이 '언제나 진실하게 말하라'는 것은 죽음을 앞둔 사람의 선명한 삶의 교훈이었습니다. 어느 상황에서나, 어떤 사람에게나, 어느 때나 진실을 말한다는 것은 세상 어느 것보다 소중한 것이고, 삶의 힘이며, 모든 허물을 덮어줄 수 있는 사랑이라는 것을 알려줍니다.

우리 모두는 죽음을 앞둔 사람들입니다. 시간문제이지, 언젠가 우리 모두는 사랑하는 사람들과 이 땅에서 이별하고 하나님께로 돌아갈 사람들입니다. 하나님 품으로 돌아가기 전, 사랑하는 사람들에게 무슨 말을 할 수 있을 것인가를 삶으로 준비해야 합니다. 머리에서 만드는 것이 아니라 평생의 삶으로 아름답고 감동스럽게 짠 메시지를 사랑하는 사람들과 나눌 때 영원히 함께하게 될 것입니다.

자랑스러운 한국인

제가 군대를 제대하고 복학하였을 때 학교 캠퍼스에는 군사독재에 대한 민주화운동의 바람이 뜨거웠습니다. 군생활을 마치고 자유와 낭만에 목이 말라 기대를 가지고 학교에 돌아왔는데, 매캐한 최루탄 냄새가 캠퍼스를 가득 채우고 있었고, 자유와 민주에 대한 뜨거움을 느낄 수 있었습니다. 애굽의 바로왕과 모세가 이끄는 히브리 민족이 여러 가지 재앙을 통하여 치열하게 싸우듯이, 사회에는 군사정부와 민주화를 열망하는 사람들의 뜨거운 싸움이 계속되고 있었습니다. 학교 캠퍼스와 서울 시내는 책으로 배우지 않는 민주화의 산 교실이었습니다. 복학하던 그해 학교에서 데모를 하던 이한열이라는 후배가 경찰이 쏜 최루탄을 맞고 고귀한 목숨을 잃는 엄청난 사건이 있었습니다. 민주화의 새로운 문을 여는 사건이었는데, 수십만이 모인 그의 장례식을 가까이에서 볼 수 있는 기회가 있었습니다.

20여 년이 지났는데도 아직도 선명한 기억은 문익환 목사님의 조사였습니다. 그때까지 민주화를 위해 목숨을 잃었던 사람들의 이름 하나 하나를 절규하며 부르짖었습니다. 그때 '저분은 엄청난 시인

이시구나' 하는 생각을 했습니다.

    며칠 전 '김용'이라는 이름이 미국 땅에 사는 우리를 가슴 벅차게 했습니다. 그가 아이비리그의 하나인 다트머스대학의 총장이 되었다는 이야기이고, 아시아인으로 처음이라고 했습니다. 나는 우리를 가슴 벅차게 했던 미국의 한국인들을 문 목사님처럼 외쳐보고 싶습니다. 유엔 사무총장 반기문, 세계보건기구 사무총장으로 인류의 가슴에 깊은 족적을 남긴 이종욱, 한국인으로 가장 높은 정부직에 올랐던 고홍주, 골프의 박세리와 최경주, 미셸위, 야구의 박찬호, 소프라노 조수미와 신영옥, 연방하원을 지낸 김창준, 실리콘벨리에서 빛을 내는 이종문, 금융계의 높은 위치에 있었던 손성원, 아이비리그의 총장 김용 등. 이들은 아메리칸드림(American Dream)을 위해 부단히 노력하고 흔들림 없이 자신의 길을 걸어, 우리 한인들에게 자부심을 주고 새로운 가능성을 준 사람들입니다. 우리가 그런 사람이 못된다면 누군가가 우리를 딛고 갈 수 있도록 디딤돌이 되어주고, 격려해주며, 기도해 주어야 합니다.

의인 열 명

　첨단 과학과 기술로 인해 그리고 재물에 대한 탐욕으로 인해 우리 세상의 바벨탑은 높아져가고 있습니다. 화려해지고 인간이 상상할 수 없이 높아지는 바벨탑 안에서의 탐욕과 죄는 더욱 세련되어 가고 있습니다. 떠들썩한 환호로 인해 마음 아픈 사람들의 눈물과 한숨 소리는 들리지 않고 있습니다. 경쟁과 적당한 탈법을 통한 사람들의 탐욕은 앞으로의 미래가 어떻게 나아갈지 모르도록 이끌고 있습니다. 세상을 지켜주고 방향을 잡아 주었던 도덕과 윤리는 땅바닥에 떨어지고, 건강한 정신으로 살아가려는 사람들이 오히려 비웃음을 받는 세상이 되어져 가고 있습니다. 최근에는 세상의 희망이 되어야 할 교회가 땅바닥을 향해 치닫고 있습니다. 사람들은 더 이상 교회를 거룩한 공동체, 건강한 공동체로 보는 것이 아니라, 세상 사람들의 또 하나의 모임으로 생각하는 비참함에 처해 있습니다. 목회자의 한 사람으로 하나님 앞에 부끄러움과 죄스러움을 느끼며, 마음 깊은 곳에서 어떻게 해야 10년, 20년 후의 교회가 건강해질 것인가 기도하는 마음으로 고민하고 있습니다. 패역한 세상을 말할 때 사람들은 그런 세상을 소돔과 고모라와 같다고 말합니다. 인간의 탐욕과 윤리의식의 부재로 인해 무너졌던 소돔과 고모라의 교훈은 이 시대에도 끊임없이 세상에 경고하고 있습니다.

성경에서 중요한 메시지가 무너진 이유는 그곳에 의인 열 명이 없어서 그렇다고 합니다. 의인 열 명만 있어도 하나님은 멸망시키지 않겠다고 약속하셨는데, 그 의인 열 명이 없어 소돔과 고모라는 패망한 것입니다. 의인 열 명은 우리 시대에 필요한 하나님의 사람들이요, 교회입니다. 죄악된 세상이지만, 진정한 의인들이 곳곳에 있다면 이 세상에 희망이 있는 것이고, 하나님 나라의 가능성이 있는 것입니다. 의인 열 명은 세상에도, 교회공동체에도 하나님의 뜻대로 살아가는 소수의 힘이 얼마나 큰지를 알려주는 교훈입니다. 소수의 의인 열 명은 세상을 변화시킬 수 있는 겨자씨이자 불씨이기 때문입니다.

아프리카 사람들의 선한 마음

　선교에 깊은 관심을 가지고 헌신하고 있는 한 친구 목사님의 이야기가 마음에 남아 있습니다. 서양 문화가 많이 들어가 있지만, 경제적으로 어려운 삶을 살아가는 아시아의 한 나라에 선교를 위해 갔을 때 경험한 이야기였습니다. 어려운 사람들에게 주려고 의류도 가져가고, 아이들을 위한 과자나 사탕을 가져가는데, 너무 많은 사람들이 줄을 서기 때문에 충분하게 주지를 못한다고 합니다. 줄을 서게 한 후 차례대로 가져간 물품을 나누어주는데, 거의 물건이 떨어질 때가 되면 기다렸던 사람들이 받지 못할 것 같아, 줄이 흩어지면서 심하게 달려든다고 합니다. 그래서 물품을 받기 위해 몰려든 사람들로부터 종종 손을 긁히기도 하고, 다칠 때도 있다고 합니다. 어려운 삶을 살아가는 사람들이라 이해는 하지만 마음에 걸린다고 했습니다.

　그런데 똑같은 상황에서 아프리카 사람들은 차이가 있다고 합니다. 모든 곳에서 똑같지는 않지만, 아이들이나 어른들 모두가 마찬가지라고 합니다. 똑같이 줄을 서서 사탕이나 먹을 것을 받으면 잘 먹지 않는다고 합니다. 처음에는 그들이 익숙하지 않아 좋아하지 않는 줄 알았다고 합니다. 그런데 실제는 줄을 서서 기다리는 사람들이 너무 많아 자기들이 많이 집어가면 뒤에 있는 사람들이 받지 못할까 봐 앞에 있는 사람들이 뒤에 있는 사람들을 위해 절제를 한다고 합니다. 그것이 감동이 되었다고 합니다. 경쟁과 나눔의 양면성을 봅니다. 그 모습을 보면서 뉴욕 맨허탄의 거센 시위 'Occupy Wall Street'(월스트리트를 점령하라)가 머리에 떠오릅니다.

탐욕의 상징이 된 월가를 무너뜨리겠다는 양심가들의 외침이요 몸부림입니다. 경제적, 사회적 약자들을 생각하지 못하고, 배려하지 못하며, 자신들의 재물과 화려함을 위해 탐욕을 치장하는 사람들에 대한 채찍입니다.

우리 주님은 내 이웃을 내 몸과 같이 사랑하라고 합니다. 내 이웃을 부자로 만들 수 없다면, 내가 가난하고 약한 사람들을 위해 가질 것을 적게 가지는 것입니다. 아프리카사람들보다 못한 부자들이 세상에 너무 많습니다.

위대한 여행 가이드

오래전 중국 하얼빈에 선교를 간 적이 있습니다. 그 지역의 조선족 교회를 방문해서 가정교회 지도자들을 교육하고, 거기에서 한 두 시간 떨어진 산골의 조선족 교회에 선교헌금을 전달하기 위해서였습니다. 중국말을 거의 모르는 상태에서 처음 방문하는 것이었기 때문에 약간의 부담감이 있었습니다. 몇 번 중국을 방문한 적이 있는 한 목사님과 동행하게 되었는데, 그 목사님도 중국어는 거의 할 줄 모르는 상태였습니다. 다행히 한국의 여행사를 통해서 북경에 있는 여행 가이드를 소개 받았고 그분의 도움을 받았습니다. 그는 젊은 조선족이었고, 연변출신이었는데 큰 뜻을 가지고 북경에 와서 여행 가이드를 하고 있었습니다. 북한사투리를 쓰는 똑똑하고 착한 청년이었습니다. 전혀 생소하고 중국말도 안 되는 가장 추운 겨울에 그의 도움이 없었다면 북경에서 하얼빈에 갈 수 없었을 것입니다. 선교를 마치고 다시 북경에 왔을 때 하루 시간이 있어 그에게 부탁하여 함께 북경의 천안문과 역사적인 관광지들을 돌아보았습니다. 역사적인 공간이었기 때문에 의미 있는 시간이었지만, 더 유익했던 것은 그와의 대화였습니다. 하루 동안 같이 다니면서 중국의 문화, 조선족 의 삶, 북한의 상황들을 나눌 수 있는 소중한 시간이었고, 배움의 시간이었습니다. 많은 시간이 지났고, 얼굴도 기억에서 희미해졌지만, 아직도 여행 가이드를 하였던 그 청년의 도움과 가르침은 내 마음에 남아있습니다.

　개인 여행이 아니고 단체 여행에서 여행 가이드는 무척 중요합니다. 여행 가이드가 어떤 사람이냐에 따라 즐겁고 의미 있는 여행이냐 아니냐가 결정됩니다. 좋은 여행 가이드를 만나는 것도 복입니다. 우리의 며칠 여행도 여행 가이드가 중요한데, 우리 인생이라는 여행에서 좋은 가이드를 만나는 것은 정말 중요합니다. 좋은 곳, 의미 있는 곳, 우리를 성숙하게 만드는 길로 인도하고 그곳에서 대화하며 편안히 쉬게 해주시는 위대한 여행 가이드는 바로 우리 예수님입니다. 예수님께 내 인생이라는 여행을 맡기고 따라가면 성공적인 인생 여행이 될 것입니다.

앞으로 살릴 수많은 사람들

　인간이 자신이 가지고 있는 메시지를 전하는 방법은 많이 있습니다. 특히 예술가들은 자신이 가지고 있는 생각을 음악으로, 그림으로, 소설과 시로 다양하게 표현합니다. 메시지를 전하는 우리 시대의 또 하나의 방법은 영화라고 할 수 있습니다. 미국의 신학교에 공부하러 와서 참여했던 세미나 중의 하나가 신앙과 영화였습니다. 그때 영화라고 하는 것은 삶을 들여다보는 하나의 현미경이자 망원경이며, 세상에 메시지를 전할 수 있는 강력한 수단이라는 것을 깨달을 수 있습니다. 영화가 만들어지고 작가 혹은 감독의 손을 떠나면 모든 영화의 장면과 대사는 관중들에게 메시지가 됩니다.

　얼마 전 한국영화 〈타워〉를 보았습니다. 언제나 깊은 인간의 내면을 그려내는 설경구가 주연으로 나오는 재난영화였습니다. 인간의 탐욕과 잘못된 판단으로 만들어진 초호화 고층빌딩에 사고와 화재가 났을 때 소방대원들이 여러 가지 문제를 풀어가며 사람들의 생명을 구하는 감동적인 영화였습니다. 각기 다른 상황에 감동을 받았지만, 거의 마지막 장면에서 더 많은 사람들을 구하기 위해 물 저장

탱크를 발포해야 하는 상황이 기억에 남습니다. 리모콘을 잃어버린 전설적인 소방대장 영기(설경구)가 자신을 가로막는 동료에게 이런 이야기를 합니다. "널 살리려고 하는 게 아니고, 네가 앞으로 살릴 수많은 사람을 위하여 내가 직접 점화한다." 너 개인 한 사람을 살리려고 하는 것이 아니라, 네가 살아남아서 앞으로 네가 살릴 수많은 사람을 위함이라고 말합니다. 그 대사가 아직도 내 마음에 남아 있습니다.

마치 이 대사는 나를 향한 주님의 메시지와 같았습니다. 나를 사랑하시고 구원하신 것은 나만을 위한 것이 아니라는 것이지요. 나를 구원하신 것은 나를 통해 앞으로 구원할 수많은 사람들을 위함이라는 것을 그 영화를 통하여 주님이 말씀하시는 것 같았습니다. 나를 사랑하신 것은, 앞으로 내가 사랑할 수많은 사람들을 위한 것이고, 나의 눈을 뜨게 하신 것은 앞으로 내가 눈을 뜨게 할 수많은 사람들을 위한 것이라는 것이지요. 그렇게 살아가고 싶습니다.

빈자와 부자

오래전 독일 선교부는 "우리들의 행복은 제3세계의 희생으로"라는 흥미 있는 이야기를 한 적이 있습니다. 유럽에서 경제적 부국이었던 독일은 자신들의 능력만으로 경제적 부를 이루고 행복한 생활을 하는 것이 아니라, 제3세계 국민들의 희생과 불행의 대가라는 것을 말한 것이었습니다. 독일 전체가 그렇게 인정한 것은 아니지만 독일 교회만은 제3세계의 희생으로 인한 자신들의 행복을 받아들여 엄청난 헌금을 제3세계에 지원을 해 주었습니다. 60-70년대에 제3세계에 속해 있었던 한국도 독일 선교부의 많은 도움을 받아 학교 건물도 짓고, 아카데미하우스 같은 선교기관도 설립했다고 할 수 있습니다. 2014년 세계평화의 날에 교황청의 프란치스코 교황은 고액 연봉과 보너스는 탐욕과 불균형에 바탕을 둔 경제의 상징물이라고, 이 심각성을 각 정부들은 깨닫고, 국가가 빈자와 부자 간 격차를 좁히는 정책을 만들어야 한다고 당부했습니다. 권위적인 교황이 아니라, 빈자를 위한 교회를 실천하고 있는 새로운 교황인 프란치스코는 개인도 소비에서 행복을 찾는 삶의 방식을 바꿔야 한다고 권면하고 있습니다. 우리 인간은 돈에서 자유로울 수 없으며, 특히 자유주의와 자본주의 지향성을 갖은 세상에서는 개인의 능력에 따른 빈부차이를 인정하지 않을 수 없습니다. 그러나 자신의 능력에 의한 부의 축적이 다른 사람들의 삶 혹은 생명을 약하게 하고, 절망을 만들어내는 상황을 만들어 낸다면, 그것은 능력이 아니라 탐욕이라는 것도 알아야 합니다. 지독한 개인주의와 물질적 소비는 세계적 경제를 발전시켰지만, 수많은 사람들의 눈물과 아픔이 있다는 것을 알고 겸손해져야 합니다.

우리 주님은 우리의 재물을 '우리들을 위해서' 하늘에 쌓으라고 합니다. 하나님이 사랑하는 세상의 약자와 빈자들을 위한 나눔은 하늘 창고에 쌓는 재물이며, 하늘 행복으로 살아가는 길입니다.

김연아의 발

　소치 동계올림픽이 며칠 남지 않았습니다. 이번 러시아 소치에서 열리는 동계올림픽은 지난 4년을 기다려온 동계 스포츠 선수들의 감격스런 무대가 될 것입니다. 동계올림픽에서 몸이 작은 우리 선수들이 강점을 가진 것은 쇼트트랙이었는데, 이상화 선수는 지난 2010 벤쿠버 500미터 스피드 스케이트에서 금메달을 따서 한국과 아시아를 놀라게 했습니다. 이번 소치 동계올림픽에서도 쇼트트랙과 이상화에게 큰 기대를 걸고 있는데, 동계올림픽의 꽃이라고 할 수 있는 피겨 종목의 김연아 선수도 빼놓을 수 없습니다. 2010년 밴쿠버 동계올림픽에서는 쇼트 프로그램 78.50점, 프리 스케이팅 150.06점, 총점 228.56으로 세계 최고 기록을 경신하였으며, 현재까지 쇼트-프리 총점에서 세계 기록 보유자입니다. 두 번째 금메달 도전이기에 떨리는 마음으로 기다려집니다.

　그런데 엊그제 신문에 김연아의 발에 대한 기사가 났습니다. 아름답고 화려한 피겨 선수 김연아, 20대 초반의 김연아 오른쪽 발은 40대라는 것입니다. 세계 제일의 김연아 점프는 높고 빠르기 때문에 오른발이 받는 충격이 상당히 크다고 합니다. 충격이 누적된 탓에 오른발이 늘 아프고, 발바닥이 무너져 내리고 있다고 합니다. 김연아의 발목이 나온 사진이 있었는데 여러 부분에 피멍이 들어있는 것을 볼 수 있었습니다. 김연아의 발은 최고의 자리에 오르기 위해서 모진 훈련과 얼마나 많은 힘든 순간들을 이겨냈는지를, 그 고통과 인내의 시간을 우리에게 말해주고 있습니다.

고통과 인내의 시간을 알려주는 박지성의 발, 김연아의 발, 최고의 발레리나 강수진의 발을 보며 그리고 나무등걸처럼 잔뜩 주름진 마터 테레사의 손등을 보며, 우리 삶을 되돌아보게 됩니다. 하나님의 선한 일을 위해 내 손과 발 그리고 몸이 그렇게 쓰임을 받았는지 되돌아볼 때 부끄럽고 죄송한 마음입니다.

한인 양로원

우리 교회 근처에는 규모가 큰 양로원(nursing home)이 있습니다. 그곳에는 지체 장애자들도 있지만, 대부분은 보호를 받아야 하는 노인들입니다. 우리 교회 노 집사님도 그곳에 계시면서 좋은 보살핌을 받고 있습니다. 지난주에는 노 집사님에게 심방하러 가서 이야기를 나누고 기도하고 왔습니다. 엊그제 수요일에는 그곳에서 우리 한인 노인들을 위한 예배에 참석하여 말씀을 전하고 왔습니다. 자주 가는 양로원인데 갈 때마다 여러 생각을 하게 됩니다.

매주 수요일 오전에 우리 지역의 천사 같은 크리스천들이 자원해서 예배를 인도하고, 한국 음식을 정성껏 대접하는 선교모임을 갖습니다. 오랜 시간동안 이 사역을 해 왔다고 합니다. 제대로 반응하지 못하는 어른들을 위해 밝은 얼굴로 찬양하고, 율동하고, 더 나이 드신 어른들을 위해 나이 드신 인도자가 재롱까지 보여주셨습니다. 봉사자들이 직접 음식까지 만들어 와서 부모님에게 하듯이 사랑을 나누는 것을 보았습니다. 우리 지역에 이 양로원말고도 몇 개의 양로원이 있고, 그 양로원마다 우리 한인 어른들이 있습니다. 그런데 양로원마다 한인 직원들이 거의 없기 때문에 언어 소통에 무척 힘들어 하고, 대부분의 백인들과 타민족들 속에서 외로움을 느끼고, 한국음식을 거의 먹을 수 없기 때문에 영양상태도 좋지 못한 상황입니다. 오래전부터 이런 상황을 아는 몇 사람들과 함께 우리 지역에 어떻게 하든지 한인 양로원이 있어야 한다는 공감대는 형성했는데, 더 이상 진전이 없었습니다.

이번에 말씀을 전하고 봉사자들과 현실을 나누면서 영적부담감을 크게 느끼고 있습니다. 내 힘과 영향력은 없는데, 어떻게 하면 이 영적부담감을 감당할까 고민하게 됩니다. 나와 같은 영적부담감을 가진 한 목사님을 만나 이야기하면서 작은 겨자 씨앗들을 기도하는 마음으로 뿌려보자는 마음을 나누었습니다. 누군가 시작하면 하나님은 역사하시고, 누군가가 열매를 맺을 것입니다.

무릎을 꿇은 스님

　월남 전쟁은 한국전쟁만큼 서로에게 아픔이 있는 민족 간의 싸움이었습니다. 이 전쟁으로 인해 한국전쟁만큼 수많은 사람들이 생명을 잃었고, 남은 자들은 많은 상처와 아픔을 가지고 살아가고 있습니다. 월남 전쟁에는 자유 민주주의를 지키겠다고 하는 미국이 참전했고, 미군과 함께 한국군이 파병이 되어 오랜 기간 전쟁에 참여했습니다. 목숨을 걸고 베트남 공산주의자들과 싸웠던 한국군들의 용맹은 우리가 어렸을 때부터 들어왔던 전설이었습니다. 수많은 미군과 한국군이 베트남에서 생명을 잃었지만, 결국 전쟁에 패해서 미군과 한국군은 철수하고 전쟁은 끝이 났습니다. 전쟁 중에 한국군의 용맹함이 뛰어났지만, 전투를 하고, 베트콩을 토벌하는 과정에서 민간인들과 접촉하지 않을 수 없었고, 의도하든, 의도하지 않았든 수많은 베트남 민간인들이 한국군에 의하여 희생당했다고 역사는 기록하고 있습니다. 월남전에서 살아남은 자들이 그렇게 증언하고 있고, 참전했던 군인들이 고백하고 있습니다. 며칠 전 한국에서, 월남전에서 희생당한 월남 사람들에 대한 증언이 있었습니다. 탄 씨와 런 씨라는 두 분이 자신들이 한국군의 민간인 학살 현장에서 겪었던 일들과 상황에 대하여 증언을 했습니다. 그들은 "역사의 진실을 들려주려한 것이지 한국 사람들에 대한 원한이나 증오를 부추기고자 하는 것이 아니다"라고 말했습니다. 이때 전혀 예상하지 못했던 일이 일어났습니다. 월남전에 참전했던 명진 스님이 그들 앞으로 나와 무릎을 꿇고 눈물을 흘리며 사죄를 했습니다. 참전했던 경북대의 류진춘 교수는 백마부대 대원으로 참전했다고 하면서, 민간인 학살에 참여한 것을 인정하고, 사죄했습니다.

　강하다고 생각하는 사람들의 사죄와 약하다고 생각하는 사람들의 용서가 있을 때 평화의 세상은 이루어집니다. 자신의 잘못을 인정하고 무릎을 꿇을 수 있음은 진정한 용기이고, 진정 용서받을 수 있는 사죄입니다. 다른 사람들이 아니라, 우리 자신을 보아야 합니다.

코호트 격리와 우리의 영웅

'코호트 격리'라는 말이 있습니다. 한국은 이번에 메르스 전염병 때문에 새로운 전문용어들에 익숙해지고 있습니다. 코호트라는 말은 '비슷한 특성을 가진 집단'이란 뜻으로, 코호트 격리라는 말은 병원에서 감염병 환자가 발생했을 때, 추가 감염을 막기 위해 병동 전체나 일부 병실을 의료진, 입원환자와 함께 봉쇄하는 것을 말합니다. 이번 메르스 사태에서 환자를 진료하고 치료했던 의료진까지 감염이 되어 다른 사람에게까지 전염시켰기 때문에, 어쩔 수 없이 코호트 격리를 하게 된 것입니다. 환자들을 진단하고 치료하는 과정에서 전염 가능성이 있기 때문에, 어쩔 수 없이 의료진들까지 격리된 것이고, 단순한 격리가 아니라, 환자들까지도 돌봐야 하는 상황에서 격리된 것입니다. 확진된 환자들 때문에, 자동으로 메르스 격리 대상자가 된 것입니다.

의료진들은 아무와도 마주치지 않으려 숨어서 출근하고, 숨어서 퇴근한다고 합니다. 숨조차 제대로 쉬기 힘든 마스크를 눌러쓰고, 손이 부르트도록 씻고, 하루에도 몇 번씩 가운을 갈아입는다고 합니다. 무엇보다도 그들은 의료진이기 이전에 사람이기 때문에, 메르스에 대한 두려움이 있다고 했습니다. 그럼에도 불구하고 지금 한국의 모든 의료진들은 묵묵히 환자들을 돌보며, 최선을 다하고 있습니다. 가운과 마스크를 하고 통제구역에서 메르스 환자들을 위해 자신의 생명을 내놓고 헌신하는 의료진들을 보면 울컥해집니다. 그들은 우리의 영웅들입니다. 최선을 다해 메르스가 내 환자들에게 다가오지 못하도록 맨 머리를 들이밀고 싸우겠으며, 더 악착같이, 더 철저하게 저승사자를 물고 늘어지겠다고 하는 한 간호사의 말이 가슴 벅차게 합니다.

지금 한국의 의료진들은 이 세상을 위한 십자가를 지는 우리 시대의 영웅들입니다. 통제구역 앞에 꽃다발이라고 주고 싶은 마음입니다. 그들의 발이 두려움에 뒷걸음치지 않도록 박수와 기도를 보냅시다.

한국의 젊은이들이여

내 사랑하는 한국인 젊은이들이여, 제발 젊은 날부터 바른 길을 걸어가고 편한 길이 아닌 힘든 길을 선택하라. 특히 하나님을 믿고 예수 그리스도의 복음을 받아들인 크리스천 젊은이들은 젊은 날부터 세상의 길을 선택하지 말고, 힘들고 어려워도 바른 길을 선택하라. 그리고 세상을 위해 쓰임 받을 때까지 변함이 없어야 한다. 제발 그런 사람들이 되어주어라. 우리 시대는 어쩔 수 없지만, 20년 후, 30년 후 우리 민족의 희망을 보고 싶으면, 지금부터 편한 길이 아닌 힘든 길, 영광의 길이 아니라, 희생의 길을 선택하고 살아가야 한다. 세상이 비웃고, 왜 힘든 길 선택하느냐 하며 끊임없는 유혹을 하겠지만, 마음 굳게 먹고 흔들리지 말라. 세상이 가는 문은 크고 그 길이 넓다고 했지만, 우리 믿는 사람들이 가야 하는 문은 좁고 그 길이 협착하다고 하신 주님의 말씀을 마음속에 깊이 간직하고, 사람들이 가는 넓은 길을 포기하고, 세상이 가지 않는 길을 선택하라.

얼마 전 한국의 국무총리 청문회가 있었습니다. 이전에도 수없이 많은 지도자들이 청문회에 나와 정부 최고위직을 맡기 위해 질문을 받고 대답을 했습니다. 그런데 왜, 한국의 최고 지도자들은 젊은 날부터 최고에 이를 때까지 정말 바른 길을 걸어온 사람들이 별로 없는지 안타깝고 답답합니다. 겉으로 보기에 법은 어기지 않았다고 하면서, 편한 길을 찾아, 성공의 길을 찾아, 물질적 풍요를 찾아 열심을 다한 그들의 삶은 진정성이 없어 존경할 수가 없습니다. 그들의 바르지 못한 삶이, 오히려 젊은이들에게 그런 삶을 살아야 최고에 이를 수 있다는 것을 학습시키는 것은 아닌지 두렵습니다. 지금은 과거의 결과이기에, 지금 이 시대의 문제는 해결할 수 없습니다. 그러나 지금 젊은이들이, 크리스천 젊은이들이 지금부터 힘든 길을 따르는 삶을 선택하고 그 삶을 훈련할 때, 지금의 결과는 20년, 30년 후에 열매 맺어질 것입니다.

시리아 이민자 스티브 잡스

　최근 시리아 난민 세 살짜리 에이란 쿠르디가 터키의 한 해변에서 숨진 채 발견되면서, 난민을 받아들이기를 마다했던 유럽 각국이 수용하는 쪽으로 변하고 있습니다. 한 어린아이의 죽음이 유럽과 세계 각국에 시리안 난민에 대한 관심을 일으키는 촉진제가 되었습니다. 해변에서 엎어진 채 발견된 그 세 살짜리 아이의 사진은 여전히 충격입니다. 그 부모는 이제 다른 나라로 탈출할 의미가 없다고 망연자실하는 기사를 보았습니다.

　난민의 역사는 아주 오래된 뿌리를 가지고 있습니다. 역사의 기록에는 로마제국 시대에도 이 난민들로 인해 어려움을 겪었다고 증언하고 있습니다. 지금 시리아의 난민 문제는 단순한 문제가 아닙니다. 민족 간, 종교 간의 싸움, 사회주의와 자본주의의 대립이 계속되는 상황에서 경제적인 부분과 자유에 대한 염원 속에 목숨을 걸고 배를 타고 탈출하고 있는 것입니다. 어느 한쪽에 속해버리면 그래도 괜찮은데, 중간에 있는, 어느 쪽에도 속하고 싶지 않은 사람들이 희생을 당하는 것이 역사이기에 자유와 빵을 찾아 난민의 길을 택한 것입니다. 그들은 우리와 다를 바 없이 가족을 지키고 싶어 하고, 자유를 찾고 싶은 사람들이며, 자신들이 가지고 있는 능력을 가지고 세상에서 당당하게 살아가고 싶은 사람들입니다. 애플의 스티브잡스도 시리아 이민자 가족입니다.

시리아의 난민을 보며 우리 민족을 바라보게 됩니다. 이미 자유와 빵을 찾아 탈북한 북한 동포들이 헤아릴 수 없이 많이 있습니다. 현재도 한국 땅에 북한의 가족들이 많이 있지만, 북한 사회가 계속 경제적으로 힘들어지면 시리아와 같은 현상이 일어날 수 있습니다. 여러 가지 충분한 가능성이 있습니다. 총과 칼로 막아내려고 하겠지만, 배고픔의 사람들은 막아낼 수 없습니다. 이런 상황에서 예수님이라면 어떻게 하실까?(What Would Jesus Do?)

2부

희망은
절망이
간직한 꿈

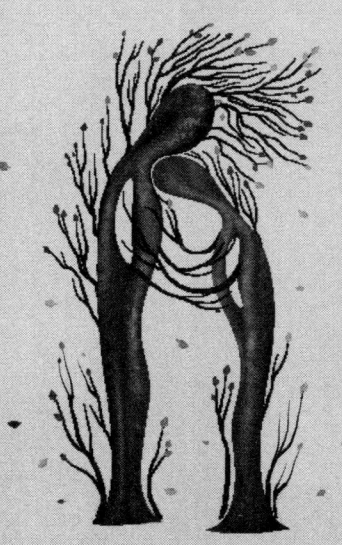

새 술은 새 부대에

　미국에 처음 왔을 때 미국 사회가 부럽다는 것을 별로 못 느꼈지만 부러운 것이 한 가지 있다면 동네마다 좋은 공원(park)이 있다는 것이었습니다. 어렸을 때부터 맨 땅에서 축구하고 땅따먹기를 해왔던 우리는 잔디가 잘 깔려있고 어느 누구든지 즐길 수 있는 공원을 보면 참으로 좋은 환경이구나 하는 생각을 하곤 했습니다. 우리 집 근처에는 Calavazas라는 공원이 있고, 조금 더 가면 초등학교가 있는데 모두 운동할 수 있는 잔디밭이 있습니다. 공원의 잔디는 관리하는 분들이 잘 다듬어서 그런지 예쁘기까지 합니다. 그런데 학교의 넓은 잔디밭은 형편없었습니다. 귀래의 야구게임 때문에 종종 가는데 그곳의 잔디밭은 메말라 있고 볼품이 없었습니다. 관리하는 사람도 있고 스프링클러(sprinkler)의 물도 잘 나오는데 말입니다. 바로 공원 옆에 있어 비교가 되는 잔디였습니다.
　그런데 며칠 전 지나가다 보니 그 학교의 운동장에 땅을 파고 미는 불도저 여러 대가 일을 하고 있었고, 그 다음날 보니 학교 운동장 전체가 파헤쳐져 있었으며 많은 흙과 모래들이 쌓여 있었습니다. 운동장의 잔디밭을 완전히 바꾸려는 공사였습니다. 비료를 주고 많은 물을 주어도 근본적인 문제들을 해결하지 못하자 모든 것을 새롭게 바꾸고 만드는 작업이었습니다. 요즘 그곳을 지나갈 때마다 '새 술은 새 부대에'는 말씀이 떠오릅니다. 새로운 역사를 만들어 낸다는 것은 덧씌우는 것이 아니라 처음부터(zero base) 새롭게 쌓아올리는 것이라는 교훈을 받게 됩니다.

요즘 주변 교회들의 갈등과 분열을 보면서, 권위와 전통이라는 오래된 그림에 새로운 모습을 만들기 위해 덧씌우기를 하는 것이 아니라 흰 캠퍼스에 다시 밑그림을 그리고 예수님이 주신 색깔과 모양으로 그려나가야 하겠구나 하는 생각을 하게 됩니다. 새로운 그림을 그린다는 것이 힘들지만 이 시대에는 교회의 생명을 살리기 위한 새 그림 그리기가 진정으로 필요합니다. 이 새 그림을 위해 부족하지만 헌신하려고 합니다.

씨앗과 같은 희망

　가을바람에 흩날리는 낙엽들이 길가에 수북이 쌓이는 가을날입니다. 길가에 붉게, 노랗게 물들어가는 단풍나무와 은행나무들이 있어 깊어가는 가을을 느끼게 해주는데 우리 집 뒷마당 담 밑에는 한 계절을 보낸 깨가 말라가고 있습니다. 지난여름부터 가을이 되기까지 향기 좋은 깻잎을 우리 식탁에 공급해 주었는데, 자연의 순리에 따라 잎이 누레지다가 모두 떨어지더니, 이젠 깨들만 송이송이 남아 있습니다. 어렸을 때 고향집 밭에는 들깨, 참깨들이 심겨 있어 늦은 가을이 되면 땅바닥에 떨어지지 않게 조심스럽게 잘라서 멍석에 털던 생각이 납니다. 멍석에 털지 않는 우리 집 들깨는 아마 땅바닥에 떨어져 겨울을 보낸 후 내년 봄에 다시 그 곳에 싹을 낼 것입니다. 말라버린 들깨들을 손바닥에 놓고 비비며 그 알맹이들을 보고 특유의 깨 냄새를 맡으며 싱싱하게 자라날 내년의 새순들을 느껴봅니다.
　씨앗은 우리 삶의 희망과 같습니다. 씨앗 자체가 아름답지는 않습니다. 요즘 많이 나오는 감을 먹을 때 아무리 감이 맛이 있어도 씨는 먹지 않고 버립니다. 씨를 땅에 심으면 일정한 시간이 지나 뿌리가 나옵니다. 흙이 더덕더덕 붙어있는 뿌리를 보면서 아름답다고 말하지는 않습니다. 그러나 우리는 씨앗 자체나 흙이 붙어있는 뿌리를 보고 판단해서는 안 됩니다. 우리는 그 씨앗과 뿌리를 보면서 꽃을 볼 수 있어야 하고 열매를 볼 수 있어야 합니다. 그것이 우리의 믿음입니다. 씨앗을 보면서도 아직 피지 않는 꽃을 생각하며 아름답다고 하고, 흙이 묻어있는 뿌리를 보면서 싱싱한 잎들과 열매들을 생각하며 아름답다고 하는 마음이 믿음입니다. 씨앗을 뿌릴 때는 볼품없고, 생명력도 없이 보이는 지금을 보는 것이 아니라, 먼 훗날 잎을 내고 꽃을 피우고 열매를 맺는 그 모습을 마음속에 담고 있어야 합니다. 사람도 마찬가지입니다. 사람의 마음속에 씨앗과 같은 복음과 사랑을 심을 때는 지금 그의 모습을 보는 것이 아니라, 사랑의 꽃을 피우고 복음의 열매를 맺는 먼 훗날의 모습을 볼 수 있는 믿음을 가져야 합니다. 우리 집 담 밑에 떨어지는 들깨가 사랑스럽기만 합니다.

새로운 눈 뜨임

아주 오래전 대학 다닐 때의 일입니다. 군대에 갔다가 함께 복학하여 아주 친하게 지냈던 친구가 서울의 어느 작은 병원에 입원하여 병문안을 다닌 적이 있습니다. 병실에 갈 때마다 신체장애를 가진 어떤 여자 환자를 자주 보곤 했습니다. 침대에 앉아 몸을 움직이는 것이나 손을 움직여 무엇인가를 쓰려는 것, 또한 무슨 말을 하려고 어렵게 얼굴을 움직이는 것, 그녀의 고통스런 모습 보면 참 마음에 걸렸습니다. 병원에 가면 항상 느끼는 것이지만 내 몸이 정상적이고 건강한 것이 감사했습니다. 그런데 친구가 하는 말이 그녀가 송명희 시인이라는 것입니다. 그녀의 시를 읽어보지는 않았었는데, 그녀는 뇌성마비 장애자이지만 시집을 냈고 그녀의 아름다운 찬양시가 찬양곡으로 나왔다는 것은 알고 있었습니다. 그런 그녀를 우연히 병원에서 만나고 나니 그녀의 노래를 듣고 부를 때마다 얼굴을 힘들게 움직이는 모습이 생각났습니다. 그 고통스런 삶의 환경에서 보석과 같은 시가 나오며, 영감 있는 찬양으로 만들어지는 것이 신비롭다는 생각을 하곤 했었습니다. 그의 작품인 '나'라는 노래 가사에 이런 글이 있습니다. '나는 가진 재물도 없고, 남이 가진 지식도 없으며, 남에게 있는 건강도 없으나, 남이 없는 것이 있다'는 것입니다. '남이 못 본 것을 보았고, 남이 듣지 못한 귀한 음성을 들었으며, 남이 받지 못한 사랑을 받았고, 남이 모르는 것을 깨달았다'는 것입니다. 심한 장애를 가지고 있는 그녀는 마지막으로 '하나님은 공평하시기 때문에 내가 가진 것은 없지만, 남이 없는 것을 갖게 하셨다'라고 고백하고 있습니다.

정상의 몸을 가진 사람들이 그런 고백을 했다면 그럴 수도 있겠지 할 것입니다. 그러나 다른 사람들 앞에 내놓을 만한 아무 것도 없는 사람이, 오히려 부족함이 많은 사람이 다른 사람들이 갖고 있지 않은 하나님의 선물과 능력이 있다고 담대히 말하는 것은 하나님께 붙잡힌 사람이 아니면 고백할 수 없는 것입니다. 우리의 상황이 힘들고 어려울 때, 다른 사람이 볼 수 없는 것을 볼 수 있고, 다른 사람들이 듣지 못하는 음성을 들을 수 있고, 남이 받지 못하는 사랑을 받을 수 있는 귀한 기회는 하나님으로부터 온다는 것을 알았으면 합니다.

내일을 볼 수 있는 눈

한국 날씨가 몇 십 년 만에 가장 추운 날이 되었다고 말할 정도로 무척 춥습니다. 미국도 예년에 비해 눈이 많이 내리고, 추운 날이 많아졌다고 합니다. 홍수가 난 지역도 있다고 언론은 전합니다. 세계적으로 이상기온이라고 법석입니다. 최근에는 다른 주에서 수많은 새가 원인 모르게 죽었다고 걱정하고 있습니다. 겨울이 되면 추운 것이 정상이지만, 예년에 비해 변화된 날씨에 사람들이 예민해하고 있습니다. 자연은 생명력이 있기에 인간의 탐욕에 의해 저질러지고 있는 도전에 반응하고 있음을 깨닫습니다. 내일을 바라보지 못한 인간의 우둔함입니다. 인간의 편함과 개발을 위해 자연을 자연답게 놔두지 못하고 인간 위주로 바꾸려는 탐욕은 자연이 신음하도록 하고 있습니다.

중국의 1958년도 마오쩌둥 시절에 참새 학살령이 내렸습니다. 지금도 그렇지만, 사람 먹을 곡식을 참새들이 쪼아댔다는 것입니다. 당시에 참새를 내쫓는 방식은 냄비 두드리기였습니다. 수많은 사람이 동원되어 냄비를 두드려 시끄러운 소리로 새들을 내쫓아 새들이 못 내려앉고 날다 지쳐 엄청난 새들이 죽었다고 합니다. 그해는 참새들이 곡식을 쪼아 먹지 못해 인간이 승리하는 것처럼 보였습니다. 그런데 천적인 새가 사라지자 들판에 해충이 들끓어 다음해에는 곡식의 수확량이 곤두박질했다고 합니다. 기록에 의하면 2년 만에 3,000만 명이 굶어 죽었다고 합니다. 참새의 저주라고 합니다. 대형 아사 후에 참새 쫓는 소리가 없어졌다고 역사는 기록하고 있습니다.

지금 당장 문제가 있다고 해서 눈에 보이는 것에만 반응하며 바꾸려고 하면 우리에게 다가올 내일은 절망일 수 있습니다. 지금 당장은 아쉽고 손해 보는 것 같지만, 내일을 위해 인내하고 상생(相生)하려고 할 때 자연은 우리에게 희망의 내일을 약속해 주는 것입니다. 세상이 신음하고 있습니다. 그 신음하는 소리를 하늘은 듣고 있습니다. 하나님의 창조질서인 자연이 묵묵하게 몇 만 년을 살아온 힘을 인간의 힘으로 막아낼 수 없습니다.

아이들이 함께 뛰어노는 꿈

　내일에 대한 꿈이라고 하는 것은 오늘을 희망차게 만들어가는 힘이자 내일에 대한 방향성이라고 할 수 있습니다. 아름다운 꿈을 가진 사람들과 대화를 나눈다는 것은 참으로 기쁜 일입니다. 며칠 전 삶에 대한 애정과 열정을 가지고 있는 집사님 한 분과 대화를 나누면서 우리 아이들이 뛰어노는 꿈을 꾸었습니다. 제주도부터 서울에서 온 남한의 아이들과 미국에서 온 아이들이 여름방학에 경기도 파주에 모이는 것입니다. 그리고 형형색색 옷을 입은 우리 아이들이 어른들의 환호를 받으며 판문점을 넘어가는 것입니다. 판문점을 지키는 우리 군인들이나, 미군들이나 북한의 군인들이 총을 내려놓고, 아이들이 행진하는 것을 웃음으로 바라보는 것입니다. 북한 판문점 쪽에서 기다리던 북한의 아이들이 남한과 미국에서 온 아이들을 박수로 맞이하고 그들과 함께 어울려 개성의 넓은 들판으로 가는 것입니다. 그곳에서 며칠을 함께 보내는 것입니다. 함께 뛰고 놀고 노래 부르며 신나게 노는 것입니다. 북한의 노래를 남한의 아이들에게 가르쳐주고, 남한의 노래를 북한의 아이들에게 가르쳐주는 것입니다. 낮에는 신나게 축구도 하고, 물가에 가서 놀다, 별이 뜨는 저녁이면 운동장에 누워 밤하늘을 함께 보는 것입니다. 그렇게 지내다 다 같이 짐을 싸서 다시 남쪽의 판문점을 넘어오는 것입니다. 경기도 어느 넓은 땅에서 남한과 북한 그리고 미국에서 온 아이들이 함께 모여 다시 신나게 노는 것입니다. 얼굴도 말도 거의 비슷하고, 생각하는 것도 노는 것도 거의 비슷하다는 것을 서로 깨닫는 것입니다. 그렇게 놀다 아쉬움 속에서 북한의 아이들이 남한과 미국 아이들과 다시 만나 더 신나게 놀 것을 약속하면서 판문점을 넘어가는 것입니다. 이 평화롭고 감격스런 장면을 찍어 온갖 갈등 속에 있는 온 세계에 보내는 것입니다. 생각만 해도 가슴이 벅차고 신나는 꿈입니다.

    그 꿈이 이루어졌으면 합니다. 그 꿈을 위해 기도하려고 합니다. 그리스도는 우리의 평화(엡 2:14), 양쪽으로 갈라져 있는 것을 하나로 만드신 분이기 때문입니다.

내일을 내다보는 투자

며칠 전 신문을 보니 미국의 대표적 자동차 회사인 GM이 다시 일어나고 있다는 기사가 있었습니다. GM은 미국의 자존심이었고, 미국의 대표적인 회사였습니다. 미국 최대 규모의 회사였고, 세계 최대 규모의 자동차 회사였습니다. 70년대까지만 해도 미국 시장 점유율의 40%를 기록하였다고 합니다. 그런 회사가 점점 기울어져 회사의 많은 부분을 팔아버리고, 회사 가치는 하락하게 되었습니다. 뛰어난 경제학자인 장하준은 『그들이 말하지 않는 23가지』라는 책에서 그 이유가 미래를 바라보는 기술투자를 하지 않았기 때문이라고 지적합니다. 기술투자를 하지 않은 이유는 GM이 돈이 없어서가 아니라, 단기이익을 내기 위해 얄팍한 경영을 한 것에서 비롯되었다고 합니다.

좋은 자동차를 만들기 위해서는 당장 이익을 내지 않는다고 하더라도 기술투자를 해서 장기적인 그림을 그리고, 회사의 이윤을 내야 하는데, 경영자들 그리고 투자한 사람들의 이윤을 극대화하기 위해 기술투자를 줄였기 때문입니다. 기술투자는 당장 이윤을 내는 것이 아닙니다. 이윤을 낼 수가 없습니다. 투자이기 때문에 시간을 필요로 합니다. 기술투자를 줄이면 단기이익이 높아지기 때문에 당장 투자자들과 경영자들이 유리하게 된다는 것입니다. GM은 자동차 할부금을 담당했던 GM계열의 금융회사가 오히려 더 이윤을 내게 하는 부실을 만들면서 망해갔던 것입니다.

    미국을 상징했던 GM이 무너져갔던 교훈을 바라보면서, 수고로움이 없이 빨리 열매를 맺고 싶어 하는 우리의 얄팍한 삶과 믿음을 돌아보게 됩니다. 수고로움과 땀 흘림이 없이 당장 이익을 얻으려고만 하는 사람들에게 GM은 경고와 교훈을 주고 있습니다. 지금 당장 열매를 맺지 못한다고 하더라도, 당장 내가 따먹지 못한다고 하더라도 우리는 내일을 위해 그리고 우리의 자식들을 위해 땀을 흘려 수고해야 하는 것입니다. 믿음의 성숙도 지금이 아니라 내일을 바라보며, 묵묵히 인내를 가지고 나아갈 때 거기에 희망이 열리는 것입니다.

땅을 탓하지 않는 농부

몇 년 전 한국에 방문하여 고향에 갔을 때 동네를 감싸는 산은 변함이 없었지만 논과 들에는 많은 변화가 있음을 보게 되었습니다. 기름과 연탄을 난방에 사용하면서 산에 있는 나무들을 더 이상 화목(火木)으로 사용하지 않자 자연스럽게 시간이 흐르면서 대부분의 산들이 울창해졌습니다. 반면에 논들은 농업기계화가 되면서 농업용 트랙터 등을 위해 반듯반듯하게 경지 정리가 되어 있는 상태였습니다. 그때 우리 동네에서 가장 높은 건지산에 올라가 동네와 논과 들, 멀리 저수지를 바라보니 어렸을 때 논과 밭에서 일하던 어른들의 모습이 머리에 스쳐 지나갔습니다. 지금은 나이가 많이 드시고 돌아가시기도 하셨지만, 그때 우리 동네 아저씨들은 정말 부지런했습니다. 이른 새벽이면 논과 밭에 나가 일을 하기 시작했고, 저녁 늦은 시간까지 가족들을 위해 일하시던 분들이었습니다. 본인들의 가난을 대물림하지 않기 위해, 자식들만은 서울에 나가 출세하기를 바라면서 성실하게 일하시는 농군들이었습니다.

지금도 그렇지만 그때도 농사가 잘되는 땅이 있었고, 농사의 수

확이 적은 논과 밭이 있었습니다. 그러나 땅이 좋지 않다고 자신의 논과 밭에 씨를 뿌리지 않는 사람들은 없었습니다. 오히려 부지런하게 논둑의 풀을 베어 퇴비를 만들고 논과 밭에 정성스럽게 물을 주는 노력을 하였습니다. 땅은 생명이고 하나님이 주셨다고 생각하는 그들이었기에, 땅을 탓하는 사람, 땅에 불만을 가지고 외면해 버리는 사람들을 보지 못했습니다.

좋은 땅에서 게으른 사람보다는, 비옥하지 못한 땅에서도 땅을 탓하지 않고 땅을 갈고 퇴비를 주고, 뜨거운 햇볕 아래서 풀을 뽑는 사람들이 세상에는 필요합니다. 그들이 땅을 살리고 지키기 때문입니다. 요셉을 비롯해서 성경의 위대한 주님의 종들은 땅을 탓하지 않고, 그들이 있는 자리에서 그 땅이 하나님이 주신 땅임을 믿고 묵묵하게 인내로서 땅을 갈며 헌신했던 사람들입니다. 너무 힘들어 포기하고 싶었지만, 그 땅이 하나님의 땅이라는 것을 확신했기에 내일에 대한 희망으로 버틴 사람들입니다.

복된 죽음

얼마 전 한국의 탤런트 김자옥이 하나님의 부르심을 받았습니다. 40여 년 동안 텔레비전의 안방극장을 통해 기쁨과 슬픔을 나누어주었던 배우입니다. 그녀는 주님을 영접하고 난 후에는 크리스천 연예인으로 많은 활동을 했고, 바쁜 생활 가운데서도 기독교인으로서 나눔의 삶을 실천해온 하나님의 사람입니다. 미국에 와서는 그녀가 나오는 연속극을 못 보았지만, 김자옥이 젊었을 때 출연했던 드라마는 대부분 보았던 것으로 기억됩니다. 그 정도로 당시에 인기가 있었습니다. 몇 년 전 암 투병을 한다는 기사가 나왔었는데, 그 이후에도 탤런트 활동을 해왔기 때문에, 모든 사람들이 갑자기 하늘의 부름을 받은 것으로 알고 있습니다.

몇 년 전 김자옥 씨가 암으로 인해 투병생활을 할 때, 건강한 몸으로 방송에 나와 대담하는 프로그램이 있었습니다. 그때 담대하게 자기의 병에 대하여 이야기하고, 치료받으면서 정상인들과 같이 방송국에서 일한다는 이야기를 했습니다. 그때 그녀가 했던 말 중에 아직도 제 마음에 남아 있는 이야기가 있습니다. 여러 가지 질병이 있고,

사고가 있어 갑자기 생명을 잃을 수도 있는데, 그래도 암은 천천히 진행되기 때문에 치료할 수도 있고, 죽음을 준비할 수 있다는 이야기였습니다. 사고로 돌아가시는 분들은 사랑하는 사람들과 이야기를 하고 인사를 할 수 없는데, 자신은 암에 걸렸기 때문에 오히려 사랑하는 가족, 친구들과 오랫동안 나눌 수 있으며, 죽음을 편안하게 준비할 수 있는 은혜가 있다는 설명이었습니다. 죽음을 저주하는 것이 아니라, 편안하게 받아들이며 준비하는 그녀의 모습이 아름답기까지 했습니다.

죽음이라고 하는 것은 하나님이 행하시는 창조의 질서 가운데 하나입니다. 시간이 문제이지 죽음에서 예외인 사람은 없습니다. 하나님의 창조질서이기 때문에 편안하게 받아들여야 하고, 더 중요한 것은 죽음의 준비를 신실하게 해야 한다는 것입니다. 잘 준비된 죽음은 복된 죽음입니다.

희망(Hope)

얼마 전 겨울방학이라 집에 온 귀래와 함께 오랜만에 몬트레이의 수족관(Monterey Bay Aquarium)에 다녀왔습니다. 귀래와 함께 온 친구가 몬트레이 수족관의 수달(Sea otter)을 보고 싶다고 해서 간 것이었는데 재미있는 작은 가족여행이었습니다. 귀래가 어렸을 때 한 번 함께 간적이 있었지만, 이번만큼 여유를 가지고 자세히 본 것은 처음입니다. 정말 다양한 물고기류, 해초류, 조류 등 깊은 바다 속에 있는 각색의 해양 생물들이 장관이었습니다. 빛을 받은 붉은색 해파리(jellyfish)는 정말 아름다웠습니다. 부모들이 어린 아이들을 데리고 가는 수족관이지만, 어른들도 자연의 아름다움을 여유 있게 관조할 수 있는 좋은 곳입니다.

아름다움으로 가득한 수족관 한 벽에 "Hope is the Thing with Feathers"라는 말이 쓰여 있습니다. 미국의 유명한 시인 에밀리 디킨슨(Emily Dickinson)이 쓴 시의 제목입니다. 처음에는 이 글을 읽고, 그곳에 바닷가의 새들이 많이 있기 때문에 '희망이라는 것은 작은 깃털들로 모아진 것'이라는 뜻이라 생각했는데, 더 넓은 의미를 가졌다는 것을 그 시의 원문을 통해 알 수 있었습니다. 희망이라는 것은 우리 영혼에 살짝 앉아있는 한 마리 새와 같은 것인데, 끊임없이 그치지 않고 노래를 한다는 것입니다. 모진 바람 속에서도, 아무리 심한 폭풍 속에서도 노래를 그치지 않게 해 준다는 것입니다. 세상의 희망이 보이지 않는 막다른 골목에서, 우리를 위로하고 힘을 주며 새롭게 일어날 수 있는 노래를 해 주는 것이 희망이라고 시인은 노래합니다. 모든 것을 바랄 수 있는 상황에서 바라는 것은 희망이 아닙니다. 희망이란 바랄 수 없는 중에 바라는 것이며, 그 바랄 수 없는 것을 얻도록 고난을 이겨나가게 해 주는 신비한 힘이기도 합니다.

디킨슨은 희망에 대하여 노래했지만, 성경은 우리에게 희망 자체인 예수 그리스도, 주님을 통한 희망을 노래하고 알려줍니다.

천천히 살기가 주는 선물

　요즘은 새벽기도회가 끝나고 페이스북(facebook)에 메시지를 정리하여 올린 후에 자전거로 집에 돌아갑니다. 세 주 정도 남은 그 날을 위해 부지런히 몸을 만들고 있기 때문입니다. 주일을 제외하고 매일 자전거를 타며 내 자신 나름대로 다리 근육훈련을 하고, 장거리를 위해 필요한 기술도 익히고, 무엇보다 체력적 한계를 인내할 수 있는 방법을 시행착오를 거치며 준비하고 있습니다. 며칠 전에는 실제 코스를 부분적으로 답사를 했습니다. 항상 다니는 길에서 타는 것과 다른 것을 느낄 수 있었고, 장거리를 간다는 약간의 부담감도 생겼습니다. 급한 일이 아니면 목회실에 있다가 나갈 때도 차를 놓고 자전거를 이용하고 있습니다.

　빠르게 다니는 차가 아니라, 천천히 가는 자전거를 타고 다니니 생각지 못한 작은 선물들이 있습니다. 차를 타고 가면 절대 볼 수 없는 것들을 보고 있습니다. 편하게 가는 차에서 느낄 수 없는 여러 가지를 느끼고 있습니다. 자전거를 타고 가면 항상 일정할 것 같은 길들이 너무나 다양합니다. 잘 다듬어진 길도 있고, 오래되어 거칠어진 길들을 느낍니다. 금이 간 길들도 있고, 콘크리트가 약해져 모래들이 깔린 길들도 있습니다. 곳곳에 작은 풀들이 있고, 아름다운 꽃들이 있는 것을 보며 지나가게 됩니다. 특히 약간의 오르막에서 속도를 내지 못할 때 더 선명하게 볼 수 있습니다. 85번 고속도로 옆을 지나가며 보았던 숲속의 길들(Stevens Creek trail)이 있는데, 이번에는 그 길에서 고속도로 위의 차들을 보았습니다. 정체가 있어 기어가는 차들을 바라보며, 우리 가까이에는 좋은 주변 길들이 있는 것을 느낍니다.

항상 그럴 수는 없지만, 천천히 가는 삶은 우리에게 다른 여유와 새로운 눈을 줍니다. 참으로 빠른 문화 속에서 느리게 가는 것은 부담스럽지만, 의도적으로 천천히 가는 삶은 빠르게 살기 이전에 가졌던 작은 행복들을 줄 수 있습니다. 이 시대의 기술과 첨단의 제품들이 속도전쟁을 하고 있지만, 그럴수록 우리의 삶은 천천히 가는 삶으로 거슬러 가야합니다.

두려움을 이기는 법

어렸을 때 처음으로 영화 사운드 오브 뮤직(Sound of Music)을 보았을 때의 감격을 잊을 수가 없습니다. 처음 보았을 때는 흑백영화였습니다. 이후 이 영화를 몇 번이나 보았는지 모를 정도로 많이 보았습니다. 노래를 좋아하고 맑은 마음을 가졌던 견습 수녀인 마리아가 명문가의 가정교사로 가서 그 가족들을 음악과 사랑으로 변화시키는 감동적인 영화입니다.

어느 날 천둥이 치고 번개가 번쩍이던 날, 아이들은 무섭고 겁이 나서 마리아의 방에 모여듭니다. 이때 마리아는 아이들에게 무섭고 두려운 때를 이기는 법을 가르쳐 주는데, 그 방법은 좋은 것을 생각하라는 것입니다. 아름다운 수선화, 푸른 초원, 별들로 가득 찬 하늘 등을 생각하라고 합니다. 어떤 책에서 이 장면을 설명하는 것을 읽으며 처음 보았을 때의 감격을 다시 살려보았습니다. 인간 삶에는 항상 잔잔한 바다와 푸른 초원만 있는 것이 아닙니다. 세상이라는 바다에서 인생이라는 배를 타면 거센 풍랑도 있고, 폭우도 있으며, 배에 물이 넘칠 때도 있습니다. 이때 인간은 본능적으로 무서움과 두려움을 느끼게 됩니다. 이때 삶의 아름다움을 생각하면 이겨나갈 수 있다는 것이 영화가 주는 도전입니다.

우리 시대는 아름다움을 생각하고 되돌아보는 마음들이 약해졌습니다. 이 빠른 세상에서 너무나 바쁘게 살아가기 때문입니다. 마음에 진정한 여유가 없으면 그런 마음을 가질 수 없습니다. 진정한 행복이 무엇인지를 스스로에게 질문해야 합니다.

우리 믿는 자들은 무섭고 두려울 때 좋은 생각, 가장 좋은 생각을 하면 이겨나갈 수 있습니다. 가장 좋은 생각은 전능하신, 불가능이 없으신, 사랑이 풍성하신 하나님을 생각하는 것입니다. 하나님을 생각하는 것이 믿음이며, 그 믿음은 현실화됩니다. 두려움을 이겨나갈 수 있는 힘까지도 주시는 존귀한 주님입니다.

어설픈 삶이 주는 희망

오바마 대통령의 첫 번째, 두 번째 취임식과 퍼레이드는 대단했습니다. 그때, 추운 날씨임에도 불구하고 수많은 군중들의 환호와 박수 속에서 걸어가는 오바마 대통령과 영부인은 당당했습니다. 수많은 경호 차량과 경호원들에 의해 보호를 받으며 지나가는 대통령의 차량행렬 또한 엄청났습니다. 빈틈이 없는 세련된 행렬이었습니다. 한국의 첫 번째 여성 대통령의 취임 행렬도 대단했습니다. 청와대에서 취임식을 하던 여의도까지, 여의도에서 다시 광화문과 청와대에 이르는 차량 행렬은 엄청났습니다. 예전의 대통령들도 마찬가지였지만, 경찰과 경호 담당자들의 차량과 에스코트 행렬은 권력과 권위라는 것이 이런 것이구나를 알려주는 메시지였습니다.

로마 황제의 행렬은 고대 시대 권위의 상징인 백마를 타고 사람들의 환호 속에서 지나가는 것이었습니다. 예수님이 활동하시던 당시의 예루살렘에는 이스라엘을 지배하는 로마 총독이 있었고, 총독이 예루살렘에 입성할 때는 막강한 군사력을 보여주며 그의 권위와 권력을 이스라엘 민족들에게 보여주었습니다. 지도자와 인간의 내

면에 있는 권위와 권력이 아니라, 만들어낸 권위였습니다. 그 권위와 권력이 사람들을 지배할 수 있다고 생각을 한 것입니다.

예수님의 예루살렘 입성은 어설픈 행렬이었습니다. 제자들의 겉옷을 얹은 어린 나귀를 타고, 사람들이 겉옷과 나뭇가지를 꺾어 바닥에 깔고 환호하는 가운데 입성하시는 예수님의 모습은 세상이 기대하는 권위는 아니었습니다. 그들이 기다려온 메시아로서 로마 황제나 총독의 화려한 모습을 기대했던 예루살렘 사람들은 실망했습니다. 이 사람이 누구냐고 질문을 하기도 했습니다. 그러나 화려하고 세련되었던 로마 황제나 총독은 역사에서 사라졌고, 어설픈 행렬을 했던 예수님은 온 세상의 가장 강력한 능력과 희망이 되고 있습니다.

3부

보시기에
심히 좋았더라

깊이 뿌리박힌 대나무

　교회사무실인 제 공부방 창문 앞에는 일본인 가족이 살고 있습니다. 예쁜 꽃들이 어우러져 있고 잘 다듬어진 정원에는 작은 대나무들이 있습니다. 때때로 대나무들을 보면 어렸을 때 살던 고향의 대나무밭이 생각나곤 합니다. 울창한 대나무밭에 바람이 불면 신비한 소리를 내며 대나무들이 흔들렸던 모습이 눈앞에 선합니다. 장난감이 없었던 시절에 여름이면 대나무를 잘라서 물총을 만들어 친구들과 옷 젖어가며 놀았던 때가 그립기도 합니다.

　어렸을 때는 대나무를 심는 것을 본 적이 없어 몰랐는데 최근에 알게 된 바에 의하면 대나무는 모죽, 즉 죽순이 시작되기 전에 뿌리를 내리는 데만 2년에서 5년의 시간을 보낸다고 합니다. 일반나무는 뿌리와 함께 줄기도 자라지만 대나무는 다르다고 합니다. 그 시간을 보낸 후에 죽순이 나오는데, 죽순이 나오기 시작하면서부터는 하루에 50-80cm 씩 자란다고 합니다. 가히 놀랄만한 사실입니다. 아마 그런 것 때문에 옛날부터 대나무는 충절, 인내 그리고 절개의 의미로 받아들여지는 것 같습니다.

우리 시대는 무척이나 빨리 변하고 빠른 시간 안에 무엇인가 결과를 보려고 하는 급한 마음을 가지고 있습니다. 뿌리를 내리는 과정은 무시하고 빨리 줄기가 자라나 가능한 빨리 열매를 얻으려는 우리에게 대나무는 진정한 뿌리를 내리는 과정이 절실히 필요하다는 것을 알려주고 있습니다. 정성스럽게 심겨 건강하게 뿌리내리는 과정을 거쳐야만 때가 되어 하루 50cm 이상 자라는 대나무처럼 하늘을 향해 올라가는 것이지요.

우리 참빛교회는 지금까지 목회자들과 믿음의 선배들에 의해서 깊이 뿌리내림을 해왔습니다. 하나님의 뜻으로 받아들입니다. 담임목사로 부임하면서 하나님의 뜻이라면 성실히 뿌리내릴 수 있다는 마음으로 하나님과 사랑하는 교인들을 섬기려고 합니다. 이 산호세 지역에서 우리 참빛교회가 공중의 새들이 깃들 수 있는 큰 나무가 되도록 마음과 정성을 다해 섬기고 싶은 마음이 저를 감격하게 합니다.

진정한 한 줌의 소금

때때로 서점에 가면 요리책 코너에 들려 요리책을 봅니다. 맛있게 보이는 음식 사진들을 보면 참 맛있겠다, 나도 이렇게 요리할 수 있다면 좋겠다 하는 생각을 하곤 합니다. 요리를 좋아하는 집사람이 가지고 있는 몇 가지 요리책은 제가 사온 책들입니다. 얼마 전에는 피자 만드는 것을 배워 집사람이 없을 때 귀래 친구들에게 해주었습니다. 내 나름대로 노력을 하여 애들로부터 'wonderful' 소리를 들었습니다. 잘 못하지만 요리하는 것을 좋아하고 관심을 가지고 있는데 요리하는 것은 무척이나 조직적이어야 하고 창의성이 필요하며 새로운 예술이라는 것을 깨닫게 됩니다.

김치를 좋아하는 우리 가족은 자주 김치를 담그는데 김치 작업을 할 때는 항상 내가 조수가 되어 공동 작업을 합니다. 언젠가는 내가 직접 할 때가 오기를 고대하고 있습니다. 김치를 담글 때 첫 번째가 소금에 절이는 것인데 특별한 생각 없이 옛날부터 그렇게 해왔으니까 소금을 쓴다고 생각했는데, 지난번 집사람으로부터 이유를 들었습니다. 소금에 절이는 것은 한국 민족의 창의성으로, 소금에 절이면 배추에서 적당히 물기가 빠지고 소금이 들어가 삼투압 현상과 같이 고춧가루, 마늘 등 모든 양념이 자연스럽게 스며들어 김치의 맛을 낸다고 합니다. 물론 소금이 많이 들어가면 오랫동안 짠 김치를 먹을 수밖에 없습니다. 참으로 소금은 여러 곳에 유용하게 쓰이고 있습니다.

바닷물에는 2.8%의 소금이 들어있다고 합니다. 넓은 바다와 뜨거운 햇빛 그리고 육지에서 흘러 내려오는 더러운 강물이 있어도 썩지 않는 것은 2.8%의 소금 때문이라고 합니다. 창조적 소수는 어느 곳에서도 생명력을 만들어 줍니다. 예수님은 우리에게 세상의 소금이 되라고 말씀하십니다. 왜 세상의 소금이 되라고 하셨을까? 그것은 세상이 소금을 필요로 하기 때문입니다. 과반수가, 1/4이 아니 1/10이 아니어도 이 세상을 지킬 수 있는 2.8%의 진정한 크리스천들이 있다면 세상은 주님보시기에 좋은 건강함을 지킬 수 있습니다. 맛을 잃은 한 가마니의 소금이 아니라, 진정한 소금 맛을 내는 한 줌의 소금을 우리 세상은 간절히 원하고 있습니다.

영광굴비와 하늬바람

　한국 문화와 한국인에 대한 뜨거운 애정을 가지고 계신 이 집사님은 맛있는 해물탕을 먹으며 영광굴비에 대한 재미있는 이야기를 해주셨습니다. '밥도둑'이라고 알려진 영광굴비는 영광 지역에서 나오는 것이고, 당연히 영광 지역의 바다에서 잡히는 것이라고 생각했는데 꼭 그런 것은 아니라는 것입니다. 예부터 임금님의 수랏상에 으뜸으로 오르는 영광 법성포의 특산품인 영광굴비는 영광 지역과 다른 지역에서 잡힌 조기를 영광지역에서 말린 것이라는 것입니다. 조기는 추운 겨울에는 제주도 남서쪽 바다에서 지내다가 봄이 되면 알을 낳기 위해 서해안으로 북상하는데 알을 밴 조기가 가장 맛있다고 합니다. 매년 10월부터 5월까지 잡은 생조기를 소금에 저장해 놓았다가 대목 두 달 전에 꺼내서 말리는데 높은 통나무 걸대에 걸어 영광 지역의 특별한 해풍과 습도 속에서 7-14일 정도 햇볕에 건조시키면 맛있는 영광굴비가 된다고 합니다. 무엇보다도 이 영광굴비의 맛에 영향을 주는 것은 영광 법성포의 특수한 지리적 환경으로, 서해에서 불어오는 하늬바람(북서풍)이라는 것입니다. 조기 자체도 중요하지만 영광 법성포에 부는 하늬바람이 습도와 잘 어우러져 유명한 영광굴비로 변하게 된다는 것이었습니다.

    사람도 마찬가지입니다. 어디에서 태어났느냐, 어느 환경에서 태어났느냐가 인생을 좌우하고 다른 사람들에게 영향을 주는 것이 아니라, 살아가면서 어떤 바람 속에서 성장하느냐가 그 사람을 만드는 것입니다. 영광 법성포에 부는 하늬바람 같은 좋은 바람을 맞은 사람은 보통 사람이라 할지라도 귀한 사람, 꼭 필요한 사람 그리고 다른 사람들에게 희망을 주는 사람이 됩니다. 우리는 예수라는 따뜻하고 사랑이 가득한 하늬바람 속에서 지내는 사람들입니다. 그 하늬바람 속에서 지내다보면 자신도 모르는 사이에 영광굴비 같은 맛있는 사람이 되는 것입니다. '새하늘우리'라는 바람이 산호세에 그리고 우리 교회에 불고 있습니다. 습할 때도 있고 얼굴에 부딪치기도 하는 바람이지만, 하늬바람 같은 새하늘우리 바람 속에 자신을 맡기면 귀한 영광굴비 같은 사람이 될 것입니다.

김에 얽힌 사연

　요즘 들어 유난히 김을 잘 먹는 나에게 집사람은 그렇게 김이 맛있냐고 자주 이야기합니다. 내가 생각해도 김을 너무 자주 먹습니다. 아침밥 먹는 것을 가훈과 같이 지키는 우리 집은 아침에도 김을 먹을 때가 많습니다. 어렸을 때와는 달리 점점 한식, 특히 밥 먹는 것을 좋아하는 귀래와 함께 김을 내놓고 먹습니다. 김의 대부분은 내가 먹지만 말입니다. 점심때도 대부분 집에서 혼자 밥을 먹는데 그때도 김을 내놓고 먹습니다. 혼자 있지만 어느 정도 음식을 준비해서 먹는데 한식이든 양식이든 김통을 올려놓습니다. 심방이 없는 날 저녁때는 집사람과 귀래와 함께 식사를 하게 되는데 다양한 음식이 식탁에 올라오지만 냉장고에 있는 김통을 가져오는 것이 내 습관이 되었습니다. 내가 잊어버리면 집사람이 오히려 왜 김통을 내놓지 않느냐고 말합니다. 집사람은 며칠 전에 김을 왜 그리 좋아하느냐고 물어보았습니다. 어렸을 때 김을 먹지 못해서 그러느냐고 농담까지 했습니다. 우린 함께 웃으며 그날도 김을 맛있게 먹었습니다.
　내가 맛있게 먹는 김은 지난겨울 한국의 시골에 계신 어머님과 아버님이 보내주신 김입니다. 우리 동네 근처에서 나오는 평범한 김인데 고소하기도 하고 참기름이 잘 어우러져 맛이 있습니다. 집에 찾아오는 사람들이 많으니 맛있게 먹으라고 보내주신 김입니다. 나는 김을 먹을 때마다 문득문득 아버님과 어머님이 생각납니다. 평생 목회하고 교육하시면서 우리들을 사랑해 주셨던 두 분이 곁에 있는 것 같은 느낌을 받곤 하기 때문입니다. 혼자 먹는 점심때는 김통을 꺼내 놓고 김을 먹으면 왠지 혼자가 아닌 것 같은 생각이 듭니다. 그 김을 먹노라면 이젠 주름살이 많아지고 허리가 구부정한 어머님과 아버님이 '밥을 잘 먹어야 한다, 건강해야 다른 사람들을 위해 일할 수 있다'는 말씀을 하는 것 같습니다. 지금도 김을 좋아하지만, 앞으로도 계속 김을 좋아할 것입니다. 두 분이 그리워지면 김을 내놓고 두 분을 생각하며 먹으렵니다.

캘리포니아의 사과

며칠 전 마켓에 갔다가 과일들이 산더미처럼 쌓여있는 공간을 보며 작은 풍요로움을 느꼈습니다. 내 것도 아니고, 내가 다 먹을 수 있는 것은 아니지만, 싱싱한 과일들이 눈앞에 놓여있다는 것 자체가 좋았습니다. 그 가운데 푸른 사과, 빨강 사과는 더욱 탐스럽게 보였습니다. 봄의 기운과 여름의 뜨거움 그리고 가을의 햇빛을 머금고 탐스럽게 익은 사과는 우리의 손길을 기다리는 듯했습니다. 캘리포니아의 사과 맛이 유난히 좋은 것은 땅이 좋아서 혹은 비료가 좋아서라고 말하는 사람도 있습니다. 그러나 전문가들은 땅이나 비료가 좋아서가 아니라 햇빛이 좋기 때문이라고 합니다. 미국에서도 가장 일조량을 많은 받은 과일이 캘리포니아 과일이라고 합니다. 과일에 있어서 햇빛이 적으면 병이 발생하기 쉽고 품질이 떨어진다고 합니다. 벼에 있어서는 햇빛이 적으면 도열병이 발생하기 때문에 농부들이 무척이나 곤욕스러워 합니다.

햇빛은 과일뿐만 아니라 자연만물이 건강하게 성장하기 위한 필수요소입니다. 우리 인간도 건강을 위해 햇빛을 충분히 받는 것은 중요하고 유익합니다. 몸의 건강에 필요한 것이 햇빛이라면, 우리 정신과 영의 건강을 위해 필요한 것은 예수 그리스도의 빛입니다. 예수 그리스도의 빛은 어둠의 세계를 밝히는 빛이기도 하지만, 세상의 건강을 위해 허락해 주신 하나님 고귀한 선물이기도 합니다. 예수 그리스도의 빛이 있는 곳에는 어둠이 있을 수 없기에 사람이 건강해질 수밖에 없습니다. 예수 그리스도의 빛에는 희망이 있기에 절망과 낙망 속에 있는 사람들에게 새롭게 일어날 수 있는 힘을 주어 건강한 삶으로 회복시켜 줍니다. 예수님의 빛에는 사랑이 풍성히 담겨 있기에 사랑의 역동성을 만들어 주어 새로운 삶을 갖게 해줍니다. 그리스도의 빛에는 믿음이라는 능력이 담겨있기에 무기력한 삶 가운에 어찌할 바를 모르는 사람들이 새로운 길에 도전할 수 있는 힘을 줍니다. 우리 삶에 예수 그리스도의 빛이 비추일 때 품질 좋은 사람이 됩니다.

김치병

　미국에 처음 왔을 때 김치를 큰 유리병에 담아 파는 것을 보며 신기해 한 적이 있었습니다. 시간이 가면서 그 김치병이 익숙해졌고, 오히려 그 김치병이 없이는 살 수 없게 되었습니다. 어렸을 때 김치를 별로 좋아하지 않았던 귀래가 미국 사회에서 지내면 지낼수록 김치를 더욱 좋아하는 것을 보면 한국인이라는 사실을 새삼 깨닫게 됩니다. 김치가 떨어져서 집사람과 함께 김치를 담그게 되면, 옆에서 김치병을 씻어 버무린 김치를 맛보며 집사람의 조수를 하곤 했습니다. 비어있는 김치병을 깨끗하게 씻고, 김치를 넣으면 깨끗하게 주변을 닦아 정리하는 것이 내 역할입니다. 김치가 풍성하게 담긴 대여섯 개의 김치병을 보면 표현할 수 없는 풍요로움과 작은 행복감을 느낄 수 있었습니다.
　오래전 한 집사님께서 김치병에 맑은 장국을 담아주셔서 맛있게 먹은 적이 있습니다. 김치병이 아니라 맛있는 장국병이었습니다. 작년 집사람의 생일에 장미꽃을 준 적이 있었는데, 집사람이 깨끗하게 닦은 김치병에 꽃을 담아 풍요로움과 화사함을 보여 주었습니다. 우리에게 있어 김치병은 참으로 다양하게 사용되어집니다.

　빈 병에 꽃을 담으면 꽃병이 되고, 그 병에 김치를 담으면 김치병이 되고, 기름을 담으면 기름병이 됩니다. 빈 병 안에 무엇을 넣느냐에 따라 병의 가치가 달라집니다. 사람도 마찬가지입니다. 빈 병과 같은 내 삶에 욕망이 들어있으면 욕망의 사람이 되고, 미움과 시기가 가득 차 있으면 비참한 사람이 됩니다. 위선이 차 있으면 위선의 사람이 됩니다. 내 안에 무엇이 들어있는지 되돌아보면 부끄러워질 때가 한두 번이 아닙니다. 우리 삶이라는 빈 병 안에 들어있는 세상의 욕망과 미움, 시기, 질투, 위선이 우리 자신을 가리는가 봅니다. 인생이라는 빈 병 안에 예수 그리스도가 있으면 그 사람은 예수의 사람이 됩니다. 예수의 사랑이 가득 차 있으면 예수 사랑의 사람이 됩니다. 그런 예수의 사람이 되고 싶습니다.

숨죽은 배추

　한국문화를 상징하는 몇 가지가 있는데 그중의 하나가 김치입니다. 요즘은 집에서 김치를 제대로 담아먹지 못하지만, 얼마 전까지만 해도 김치를 담는 것은 우리 집에서 큰 행사였습니다. 배추를 사다가 일찍 소금에 절이고, 절인 후 일정 시간이 지나면 씻어서 물을 빼고, 양념을 따로 만들어 준비해 놓았다가 배추와 버무려 김치를 만들게 됩니다. 집사람이 모든 것을 준비하고 진행하지만, 혼자 할 수 없기에 나는 충실한 조수로서 시키는 대로 합니다. 배추와 김치병을 옮기고, 배추에 고춧가루를 넣으라면 넣고, 김치병을 닦아 주고, 김치를 담으면 병 주변을 깨끗이 닦고, 작업이 끝나면 큰 대야를 비롯한 그릇들을 닦는 일을 하게 됩니다. 김치 담는 과정을 보면 이런 정성이 들어가니 김치가 당연히 맛이 있겠구나 하는 생각이 듭니다. 고춧가루와 마늘 그리고 간장 등으로 만드는 양념을 보면 참으로 진한 양념이라는 것을 알게 됩니다. 이 모든 것들이 어우러져서 김치병에 들어가 잘 익으면 맛도 있고 영양가도 있는 김치로 변하게 됩니다. 김치는 한국인의 특유한 지혜입니다.

무엇보다도 김치의 주재료가 배추인데, 싱싱한 배추를 물로 깨끗이 씻은 후 바로 김치를 담그지 않고 소금에 절이는 것은 참으로 교훈적입니다. 싱싱한 배추 그대로 김치를 담아먹기도 하지만, 대부분은 배추를 소금에 절여 숨이 죽은 후에 김치를 담게 됩니다. 배추가 숨이 죽어야 한다는 말도 재미있는 표현이자 의미가 있습니다. 배추가 자기 모습 그대로 있으면 사용될 수 없습니다. 배추가 숨이 죽어야만 김치로서의 작업이 시작됩니다.

숨이 죽어야만 김치가 되는 배추를 보면서 숨이 죽어야만 하나님의 일에 쓰임 받는 믿음의 사람들을 생각하게 됩니다. 자기 자신을 부인하고 자기 자신이 죽는 과정이 없이는 하나님은 주님의 일을 맡기지 않으신다는 것입니다. 자기 자신이 살아있는 사람에게 역사를 맡기면 교만해지고, 자신의 힘으로 한 줄로 착각하기 때문입니다. 때로는 하나님은 일을 맡기시기 위해 소금을 뿌려 숨을 죽이는 과정으로 인도하시기도 합니다. 소금에 절여지는 약간의 고통이 있지만 이기면 위대한 역사를 위한 새로운 존재로 거듭나게 됩니다.

무쉬포크

　우리 동네에 중국음식을 잘하는 식당이 있습니다. 음식도 맛있지만 음식점에서 일하시는 한국 아주머니의 친절함과 자상함 때문에 맛이 더욱 좋습니다. 그 식당에 자주는 못 가지만 사람들과 들릴 때마다 반갑게 인사해주시고 목회자라고 하면서 배려해주십니다. 엊그제 식사를 대접할 가족이 있어 그 식당에 갔습니다. 서양음식보다 중국음식이 우리 한국 사람들에게는 편하기 때문에, 특히 나이 드신 어른들은 서양음식을 주문하고 식사하는 것을 부담스러워 하기 때문에 중국집에 가게 되었습니다.
　한국 사람들이 좋아하는 음식을 주문하고 색다른 음식으로 무쉬포크를 부탁했습니다. 주문한 음식들이 모두 나온 후 다른 음식에는 손들이 가는데 무쉬포크는 아무도 손을 대지 않았습니다. 무쉬포크는 얇은 밀전병에 소스를 바르고 거기에 요리된 야채와 고기를 넣고 싸먹는 중국요리입니다. 나도 자주 먹는 음식이 아니기 때문에 기다리고 있었습니다. 우리 식탁을 지나가시던 그 친절한 한국 아주머니가 목사님이 "먼저 시범을 보여주세요" 하며 웃고 지나가셨습니다.

곁에 있던 집사람이 알려주어서 밀전병을 놓고 소스를 바르고 요리된 음식을 넣는 것을 보여주고 함께 맛있게 먹었습니다. 음식도 맛이 있었고 한국과 믿음에 대한 어른들의 이야기는 더욱 맛이 있었습니다.

집에 돌아온 후, 무쉬포크를 먹을 때 "목사님이 먼저 시범을 보여 주세요"라며 친절한 미소로 말씀하신 그 아주머니의 말이 다시 생각이 났습니다. '목사님이 먼저 시범을 보여 주세요.' 간단한 말이지만 나에게는 귀한 메시지였습니다. 맛있는 무쉬포크를 먹는 것뿐만이 아니라, 우리 삶에 있어서 목회자인 내가 먼저 바른 삶을 시범 보여야 다른 사람들이 따라서 살아갈 수 있다는 하늘의 소리였습니다. 목회자는 설교를 통해서 하나님의 뜻을 전하지만, 예수님이 그러하였듯이 가장 가까이 있는 사람들과 삶의 진솔한 대화와 삶의 구체적인 실천을 통해 본을 보이게 될 때 하나님의 뜻이 살아나게 됩니다. '목사님 먼저 시범을 보여 주세요'는 목회자뿐만이 아니라, 세상에서 우리 크리스천들이 들어야 하는 소리입니다. 형제님, 자매님, 먼저 바른 삶의 시범을 보여 주십시오.

작은 벌레

주일이 되면 우리 교회 목회실은 만남과 나눔의 공간이 됩니다. 예배를 시작하기 전에는 나이 드신 어른들이 함께 모여 따뜻한 차를 나누며 일주일간의 안부를 묻고, 성가대와 찬양팀은 찬양을 위해 바쁘게 준비합니다. 예배가 끝나면 유년부의 어린아이들이 함께 모이는 놀이터가 되기도 합니다. 아이들은 참새 방앗간처럼 목회실에 있는 냉장고 문을 살짝 열고 사탕이나 과자 그리고 음료수를 먹곤 합니다. "목사님, 이것 먹어도 되나요"라고 하는 아이들의 목소리가 너무 귀엽기만 합니다. 찬양팀과 성가대가 연습을 하는 동안 아이들과 집사님들이 사무실에 함께 앉아 기다리며 이야기를 나누곤 하는데, 그 모습을 보며 곁에서 이야기를 듣는 작은 기쁨이 있습니다.

지난주 귀여운 얼굴을 가진 어린 친구가 작은 벌레가 옷에 붙었다고 놀래 난리를 쳤습니다. 그때 그 모습을 곁에서 보던 한 집사님께서 "애야, 왜 너보다 약하고 힘도 없는 작은 벌레를 보고 그렇게 놀래니?"라고 하며 벌레를 쫓아주셨습니다. 할머니가 손녀에게 대하듯 따뜻한 목소리였고 평범한 이야기인데도 참으로 의미 있는 지혜로운 말이었습니다. 정말 그렇구나! 자기보다 힘도 약하고 작은 벌레인데도 겁을 내게 되는구나 하고 새롭게 깨닫게 되었습니다. 그 집사님의 평범하지만 의미 있는 말씀을 생각해보니 약하고 힘도 없는 것들에 겁을 내는 것은 아이들뿐만 아니라 우리 모두일 수도 있겠다는 생각이 들었습니다.

강한 힘을 가지고 있는 주변 환경이나 사람들에 겁을 내기도 하지만, 실제 우리보다 힘도 약하고 작은 것들에 겁을 내는 우리의 모습을 발견하게 됩니다. 실상을 보는 것이 아니라 허상을 보기 때문입니다. 허상을 보면서 우리 자신을 우습게보기 때문입니다. 우리의 힘으로 쉽게 이길 수 있음에도 허상을 보고 미리 겁을 먹기 때문입니다. 마치 골리앗 앞에선 이스라엘 백성들이 자신들을 메뚜기와 같다고 본 것과 같습니다. 하나님께서 주신 능력을 믿는 사람들은 세상의 약한 것들에 대하여 겁내지 않고 흔들리지 않습니다.

복숭아씨

　지난주일 예배준비를 하며 목회실에 있는데 맑은 마음을 가진 예찬이가 손에 무엇인가를 들고 들어왔습니다. 예찬이는 집에서 오는 차 안에서 복숭아를 맛있게 먹었는데, 먹고 난 복숭아씨를 가지고 온 것이었습니다. "목사님, 땅에다 이 복숭아씨를 심으세요" 하며 작은 씨앗을 주었습니다. 그런 말을 하는 예찬이가 귀엽기도 하고, 그 생각이 재미있어서 씨를 받은 다음 봉투에 넣어 보관해 두었다가 집에 가서 화분에 심었습니다. 하루가 지나서 그런지 복숭아씨는 말랐지만, 싹이 날 것을 기대하고 화분에 심은 다음에 요즘 매일 물을 열심히 주고 있습니다.
　예찬이가 먹은 봉숭아는 오래 전에 누군가가 심었던 복숭아에서 나왔을 것입니다. 그때 심은 나무가 아니라, 오래 전 누군가 심은 나무에서 시간이 지나 복숭아 열매가 맺힌 것입니다. 푸른 언덕의 집 부엌 앞에는 레몬 나무가 있습니다. 매년 많은 레몬 열매가 열려서 필요한 사람들에게 나누어 주는데도 남아있습니다. 이 커다란 레몬 나무는 오래 전 어떤 주인이 심었을 것입니다. 지금처럼 많은 레몬 열매가 맺힐 때까지는 많은 시간을 필요로 하기 때문에 심었던 주인은 따 먹지 못하고 집을 팔 수도 있었을 것이고 혹은 렌트를 주었을 것입니다. 복숭아나 레몬을 포함하여 지금 우리가 먹는 과일들은 오래전에 누군가 심은 나무에서 수확한 것입니다. 그때 과일들을 먹기 위해 심은 나무들이 아니라는 것입니다.

이전에 사람들이 과일 나무를 심어놓았기 때문에 지금 우리가 열매를 먹을 수 있는 것을 생각하면, 우리 또한 지금 과일 나무를 심어야만 시간이 지난 다음 누군가가 먹을 수 있을 것입니다. 지금 당장 먹지 못하더라도 시간이 지난 다음에 먹을 수 있도록 하자는 마음이 있다면 세상은 참 아름다운 곳이 될 것입니다. 우리가 일하는 직장에서 과일 나무 같은 일들을 심고, 우리 교회에서도 그런 마음과 열정을 심는다면, 지금 당장은 먹지 못해도 많은 시간이 지나 누군가 따 먹을 수 있는 열매들이 맺힐 것입니다.

까치밥

　제 고향 우리 집 대문 옆에는 감나무가 있습니다. 많은 감이 주렁주렁 열리는 우리 집 감나무는 가을이면 지나가는 사람들에게 풍성함을 느끼게 해주는 좋은 나무입니다. 늦가을이 되면 잘 익은 감을 따서 항아리에 잘 보관하여 두었다가 추운 겨울철에 먹곤 했습니다. 추운 겨울철, 항아리에서 잘 익은 홍시감을 꺼내 먹는 멋과 맛이 아직도 기억납니다. 늦가을이 되면 손이 닿는 감들은 다 따고 없고 나뭇잎들도 거의 떨어져서 앙상한 높은 가지에 몇 개의 감들만이 남게 됩니다.
　시골에서는 높은 나무 위의 과일은 전부 따지 않고 남겨 놓게 되는데, 이것을 까치밥이라고 합니다. 가을이 가고 겨울이 왔을 때 먹이를 찾지 못하는 새들이나 작은 짐승들이 한 끼의 먹이라도 해결하라고 남겨 놓은 우리 조상의 삶의 여유요 아름다움입니다. 딱히 까치만 먹는 것이 아니지만, 사람에게 항상 친근하고 가까이 있으며 반가움을 전해주기에 까치의 이름을 붙였을 것입니다. 가을철이 되면 감나무만 아니라, 다른 나무의 높은 곳에 매달려 있는 과실들도 욕심껏다 따지 않고 남겨두는 것은, 더불어 살아가는 새나 짐승들과도 나누는 우리 인간의 사랑이요 배려입니다.

구약의 신명기에도 밭에서 곡식을 벨 때에 모두 취하지 말고 고아와 과부 그리고 객들을 위하여 남겨두라고 하나님은 말씀합니다. 사랑과 긍휼을 베풀라는 말씀입니다. 그런데 우리 세상은 각박해져서 그런 아름다운 정신은 말라가고, 한 톨도 남기지 않고 이삭을 거두어 가며, 까치밥으로 남겨야 하는 감까지도 욕심을 가지고 따버리고 있습니다. 하나님께서는 필요한 사람들을 위해 들판에 이삭을 남기면, 우리 것으로 하면 까치밥을 남겨두면, 우리 손으로 하는 모든 일을 축복하실 것이라 약속해 주시고 있는데, 인간들은 소탐대실하고 있습니다. 혼자만 잘 살겠다고 모든 것을 자기 주머니로 넣는 세상의 사람들과 교회들은 까치밥의 지혜와 여유와 배려를 배워야 합니다. 우리가 가진 돈도, 시간도, 사랑도 다른 사람들을 위해 까치밥으로 남겨두어야 합니다.

단심가(丹心歌)

고려 말기 이성계가 새로운 왕조를 세우려고 하는 과정에서 이성계의 아들 이방원은 정적이라고 할 수 있는 정몽주를 만나 진심을 떠보고 회유하기 위하여 하여가(何如歌)를 썼습니다. "이런들 어떠하리, 저런들 어떠하리. 만수산 드렁칡이 얽혀진들 어떠하리. 우리도 이같이 얽혀져 천년만년 살아보세." 누구에게 붙어살든 그것이 무슨 문제이냐, 대충 살아서 부귀영화를 누려보자는 이야기였습니다. 이런 하여가에 대하여 정몽주는 단심가(丹心歌)로 답했습니다. "이 몸이 죽고 죽어 일백 번 고쳐 죽어 백골이 진토되어 넋이라고 있고 없고 임 향한 일편단심이야 가실 줄이 있으랴." 아무리 일백 번 죽는다고 하더라도 자신이 섬기던 왕을 버리는 배신은 하지 않겠다는 정몽주의 굳은 의지를 보여 주었습니다. 결국 정몽주는 이방원의 세력에 의해 선죽교에서 피살을 당하게 됩니다. 그러나 역사는 하여가를 부른 이방원을 기억하는 것이 아니라, 단심가를 부른 정몽주를 높이 평가해 주고 있습니다. 정몽주가 피살되었다고 하는 개성의 선죽교에 가보고 싶습니다. 단심가의 정몽주를 느끼고 그렇게 살고 싶어서 말입니다.

　이 세상에는 하여가를 부르며 세상과 타협하면서 살아가는 사람들과 단심가를 부르며 맑고 올곧은 삶을 살아가려는 사람들이 있습니다. 세상의 부귀영화는 당연히 하여가를 부르며 살아가는 사람들이 누리고 있지만, 역사의 바른 길을 이끌어 가는 사람들은 단심가를 부르며 살아가는 소수라고 할 수 있습니다. 세상의 곳곳에 단심가를 부르며 세상과 타협하지 않으려는 사람들이 있기에 그래도 이 세상은 살아갈 만합니다. 이 시대는 단심가를 부르는 정몽주를 기다리고 찾고 있습니다.

　단심가의 삶을 살아갔던 정몽주를 생각하며, 이 시대에 진정한 영적 정몽주가 나와야한다는 생각을 해봅니다. 이런들 어떠하리, 저런들 어떠하리가 아니라, 하나님을 향한 일편단심 속에서 이 세상의 악한 세력들에 무릎 꿇지 않고 싸워나가며, 하나님께서 말씀하신 의로운 삶을 펼쳐가고, 예수 그리스도의 삶을 닮아갈 세상의 희망이 될 영적 정몽주가 필요한 시대라는 것입니다. 당신은 영적 정몽주가 되십시오.

아름다운 만남

　우리는 살아가면서 수많은 사람들을 만나게 됩니다. 만남을 통해 평생을 함께 살아가는 사람도 있고, 한 번의 만남으로 스쳐가는 사람도 있습니다. 세상일들은 하나님 안에서 우연이 없기에 인간의 헤아릴 수 없는 만남은 나름대로 의미가 있습니다. 며칠 전, 신학교 스승님이신 김찬국 교수님께서 하나님의 부르심을 받았다는 연락을 받았습니다. 연세가 있으셔서 거동이 힘드시다는 이야기를 오래 전에 들었는데, 한번 찾아뵙지 못하고 돌아가시게 되어 무거운 마음입니다. 그 소식을 듣고 창밖의 푸른 하늘을 바라보며 연세동산에서의 스승님의 모습과 목소리를 기억해 봅니다. 교수님이라고 불리는 대학의 선생님들과 달리, 제자들은 김찬국 교수님을 스승이라고 불렀습니다. 그는 화려한 달변가도 아니고, 대학 사회의 세련됨도 없으셨으며, 절대 권위적이지 않으셨던 분이셨습니다. 강의시간에는 정말 성실하셔서 강의를 듣고 참여하는 우리들을 부담스럽게 하신 분이셨습니다. 때로는 답답함이 있을 정도였지만, 변함없는 학문적 관심과 깊은 인간애는 우리를 감동시키고도 남았습니다. 언제나 해맑은 웃음을 잃지 않으셨던 김 목사님은 설교대에 올라가시면 겸손하게 머리 숙여 '안녕하셨습니까'라고 인사하는 분이셨고, 제자들과 함께 있을 때, 서로 모르는 것 같으면 항상 인사하라고 소개시켜 주시던 어른이셨습니다. 작은 카메라를 가지고 다니시다가 학생들 사진을 찍어 때로는 사진을 나누어 주시는 분이셨습니다. 시대의 격동기 때, 학교에서 학생들이 최루탄을 맞으며 데모를 하면 강의실과 학교를 떠나시는 교수님들과는 달리 학교 교정에서 최루가스 때문에 눈을 비비며 마음 아픈 얼굴로 바라보시던 분이셨습니다. 그는 학문적인 지장도, 강력한 용장도 아니셨습니다. 그는 사람들을 진정 사랑하고 그들의 고통에 마음 아파하셨던 덕장이셨고, 시대의 예언자이셨습니다. 그런 귀한 스승님을 만날 수 있었던 것은 하나님의 축복이었으며 저에게는 아름다운 만남이었습니다. 그의 겸손함과 인간애, 그리고 삶에 대한 열정을 내 작은 몸과 삶에 담아가려고 합니다.

'~하자'의 힘

　미국 정부에 형제들이 고위직에서 함께 일하는 것이 많지 않습니다. 그런데 요즘 버락 오바마 대통령 행정부에는 형제들이 보건부 차관보와 국무부 법률고문으로 당당하게 일하고 있는데, 그들이 한국인이라는 것입니다. 미국 월스트리트 저널에서 이들을 '워싱턴 D.C.를 강타한 한인 2세 파워 엘리트 형제'라고 소개할 정도로 당당한 한국인입니다. 같은 미국에 살면서 우리 한인들이 최고의 출세를 해서가 아니라, 미국 사회를 이끌어 가는 중요한 역할을 하고 헌신하고 있다는 것이 우리 모두에게 자랑스럽기만 합니다. 그 형제의 성공은 고광림, 전혜성이라는 더욱 자랑스러운 부모의 사랑과 교육과 정신이 있었기에 이루어진 열매였습니다. 6남매 모두를 하버드와 예일대학교에 입학시켜 공부 시킬 정도의 정성이 고광림, 전혜성 부부에게 있었습니다. 오래전에 읽었던 그들의 책에서 많은 가족들이 저녁에는 함께 모여 공부하는 것이 자연스러운 모습이었다고 말한 것을 본 적이 있습니다. 어떻게 했기에 자녀들이 그렇게 모두 공부에 몰두하게 되었느냐는 질문에, 전혜성은 아이들에게 공부하라는 말

대신에 '공부하자'라는 말을 했다고 대답했습니다. 집안 어디에 가나 책상이 있었고, 남편과 자신이 먼저 공부하는 것을 보여주었다고 했습니다. 공부가 아니더라도 부모가 자신의 일을 묵묵히 변함없이 하면 아이들은 결국 따라간다는 것이고, 부모 스스로 자신들의 인생에 대한 명확한 목표를 갖고 치열한 노력을 기울이는 모습을 먼저 보여주어야 한다는 것입니다. 좋은 나무에서 좋은 열매가 맺힌다는 주님의 말씀을 생각해 봅니다.

공부하라와 공부하자의 차이가 인생을 바꿀 수 있다는 것을 봅니다. 믿음생활도 마찬가지입니다. 우리는 명령형의 '~하라'가 익숙한 신앙생활을 하고 있습니다. 그런데 진정한 힘은 '~하자'이고, 스스로 본을 보여주어야 한다는 것입니다. 우리 아이들이 진정한 꿈을 가지고 하나님의 일에 쓰임 받기 원한다면, 아이들 앞에서 '~하라'고만 하는 것이 아니라 함께 하는 삶을 치열하게 보여주어야 합니다. 저도 교인들에게 사랑하자고 말하며 겸손히 섬기겠습니다.

동행인(同行人)

우리의 삶은 누군가와 동행하게 되어 있습니다. 가까이는 배우자와 자녀, 친구들이 동행하고, 교회 가족들과 직장동료가 동행하고 있으며, 때로는 떼어낼 수 없는 질병과 동행을 하고 있습니다. 동행하는 사람들은 곁에서 함께 기쁨과 슬픔을 나누며, 인생이라는 옷감을 짜가는 것입니다. 때로는 동행하는 사람 때문에 힘이 들기도 하고, 고통스러울 때가 있지만, 그들 때문에 인생의 의미를 함께 맛보고 나누며 아름다운 인생을 만들어 갑니다.

얼마 전 어떤 글에서 동행에 대한 이야기가 있어 최성수의 동행이라는 노래를 들었습니다. 제가 대학 4학년 때 한창 인기가 있었던 노래입니다. "아직도 내겐 슬픔이 우두커니 남아 있어요"라고 시작하는 이 노래는 중간에 "누가 나와 같이 함께 울어줄 사람 있나요? 누가 나와 같이 함께 따뜻한 동행이 될까?"라는 가사가 있습니다. 그때는 별 의미 없이 불렀는데 지금은 동행에 대한 새로운 의미를 되씹고 있습니다. 누가 나와 같이 함께 울어줄 사람이 있나, 누가 나와 같이 함께 따뜻한 동행이 될까. 바로 함께 울어줄 사람, 함께 고난을 나눌 수 있는 사람이 진정한 동행이라는 것입니다. 얼마 전 돌아가신 김대중 대통령의 부인인 이희호 여사는 남편이 자신의 평생 동행인이었음을 자신의 책에서 고백하고 있습니다. "당신을 참으로 사랑하고 존경했습니다"라는 그녀의 말은 우리 마음을 뭉클하게 해 줍니다.

　하나님을 믿는 사람들 또한 살아가면서 동행하는 사람들이 많이 있습니다. 그런데 진정 사랑하고 존경하는 동행인이 누구인지 생각하지 않고 살아갑니다. 진정 사랑하고 존경하는 동행인이 누구인지 알게 된다면 최선을 다해야 하고, 또한 자신이 동행하는 사람에게 사랑받고 존경받는 사람이 되도록 정성스럽게 삶을 만들어 가야 합니다. 내 인생 마지막에 적어도 진정으로 '나와 같이 함께 울어줄 사람' 한 사람은 있어야 하는 것이지요. 그러나 무엇보다도 내 인생에서 가장 나를 사랑하고 아껴주고, 생명까지도 바치신 동행인은 예수 그리스도입니다. 그는 진정 따뜻한 동행인입니다.

일곱 가지 흔한 실수들

　교회에서 필요한 음향장비를 알리기 위해 매월 정기적으로 보내지는 음향시스템 광고 책자가 있습니다. 새로운 장비들과 실제적으로 교회에서 사용할 수 있는 제품들이 나와 있어 구입하지는 못하지만 호기심으로 구경을 하곤 합니다. 그런데 이번 달 광고 책자에 '일곱 가지 흔한 실수들'이라는 제목으로 재미있는 글이 올라와 있었습니다. 교회의 음향시스템을 새롭게 바꾸려는(upgrading) 교회에서 행해지는 흔한 실수들 그리고 그 실수들을 피하는 법에 대한 조언이었습니다. 교회들은 제품 이름만으로 장비를 구입하려는 실수를 하고, 앞으로 업그레이드하려는 계획을 하지 않으며, 실무적인 장비조작 훈련을 받지 않으면서 장비만을 구입하는 실수를 한다는 것입니다. 또한 다른 교회들이 가지고 있는 장비들에 의존한 구입을 하고, 품질 좋은 장비에 값싼 케이블을 사용하며, 품질 좋은 것보다는 값싼 제품을 구입하는 실수를 한다는 것입니다. 마지막으로는 도움을 요청하지 않는다는 것이었습니다. 읽으면서 음향전문가가 말하는 교회의 장비 구입에 대한 이야기이지만, 우리 삶에 대한 흔한 실수들,

의미 있는 실수들을 잘 설명한다는 생각이 들었습니다. 인생을 살아가는데 있어, 삶의 업그레이드를 끊임없이 해야 하는데, 교회 장비를 구입할 때처럼 끊임없이 실수하고 있는 내 자신을 돌아보게 됩니다. 하나님이 주신 고귀한 삶이기에 내 삶을 최고(the best value)의 삶으로 만들어 가기 위해서 위의 실수들을 피해야 하는데 그렇지 못한 우둔함 때문입니다.

일곱 가지 실수 중 가장 마지막에 언급한 실수는 '도움을 요청하지 않는 것'이라고 선명하게 말하는데, 우리 믿음에 대한 이야기로 받아들여집니다. 하나님이 주신 우리 몸과 삶을 가장 가치 있게 만들기 위해서 필요한 것은 우리를 창조하신 하나님께 요청하는 것인데 우리는 그렇지 못하다는 것입니다. 우리는 내가 할 수 있다고, 내 능력으로 성공할 수 있다고 하지만, 하나님은 우리 삶을 진정 가치 있게 업그레이드하려면 우리 삶의 주인이신 하나님께 요청하라고 하십니다. 모든 것을 준비하고 기다리신다고 합니다.

더불어 서 있는 나무들

지난주일 예배를 드리고 찬양팀과 청년팀 겨울수련회를 렉타호에 있는 Zephyr 장로교 수양관에서 가졌습니다. 우리는 오랜만에 3박 4일 동안 캐빈에서 함께 지내며 음식과 웃음과 사랑 그리고 사역을 나누는 귀한 시간을 가졌습니다. 함께 며칠을 지내면 장점과 허물을 포함한 삶이 그대로 드러나기 때문에, 수련회는 사람을 이해하고 삶을 나누는데 많은 도움을 준다는 것을 새롭게 깨달았습니다.

우리는 오고가면서 정말 울창한 나무들을 보았고, 산장에서는 흰 눈이 쌓인 나무들을 원 없이 보았습니다. 정말 장관이었습니다. 눈 덮인 산과 들, 깨끗한 호의 물, 흰 눈이 쌓인 큰 나무들이 어우러져 아름다운 풍경을 선물해 주었습니다. 눈 덮인 산에서 내려오면서 울창한 나무들을 보았는데 하늘을 찌를 듯한 나무들이 변함없이 서 있는 모습이 근엄하기까지 했습니다. 높은 산이기 때문에 심한 눈보라가 있었을 것이고, 거센 비바람이 나무들을 흔들어 놓았을 텐데도 흔들림 없이 서 있는 나무들이 자랑스러웠습니다. 폭풍우에 뿌리 채 뽑히는 나무들은 대부분 길가에 혼자 서 있는 나무라고 합니다. 그러나 나무들이 함께 어우러져 서 있는 나무들은 대체로 흔들리기는 하지만 뽑히지는 않습니다. 폭풍우가 있을 때 함께 바람을 막기 때문이고, 더 중요한 것은 아래의 뿌리들이 서로 연결되어 붙잡고 있기 때문이라는 것입니다.

함께 서 있는 나무들이 뽑히지 않는 것을 보면서 우리 삶도, 우리의 믿음의 공동체도 마찬가지라고 생각합니다. 개인주의 지향성이 점점 강해지는 우리의 시대 속에서 함께 서 있는 자체가 서로에게 힘이 됩니다. 인생의 폭풍우가 불 때 함께하면 이겨나갈 수 있다는 지혜를 폭풍우를 이겨낸 나무들이 가르쳐 주고 있습니다. 나무들처럼 우리 인간들도 함께 어우러져 살아감으로 세상의 폭풍우를 이겨 나가라고 나무들은 침묵으로 말하고 있었습니다. 하나님이라는 뿌리를 가진 자들이 함께 더불어 살아가는 것, 이것이 세상에서의 힘입니다.

토끼와 거북이

대학 다닐 때 학교 교직에 관심이 있어 교직을 이수하여 중고등학교 교사 자격증을 받은 적이 있습니다. 그 과정 중의 하나가 4학년 때 교생실습을 나가는 것입니다. 서울의 구로중학교라는 학교에서 한 달 동안 교생실습을 하며 교육의 현실을 많이 배웠고, 그곳에서 강길식이라는 좋은 선생님, 좋은 스승을 만날 수 있었습니다. 마지막 주간에 교생 가운데 시범수업을 하는데, 내가 교회에서 아이들 가르친 경험이 있다는 이유로 도덕(윤리) 시범수업을 했습니다. 그때 학생들과 나누었던 내용이 이솝우화인 토끼와 거북이었습니다. 토끼와 거북이가 경주를 했는데, 천천히 기어오는 거북이를 보고 토끼가 안심하여 잠을 자다 결국에는 거북이가 이겼다는 이야기입니다. 수업 시간에 아무리 경주이지만 토끼가 잠을 자고 있다면, 거북이는 잠자는 토끼를 깨워서 함께 경주를 했어야 했다는 교훈을 나누었습니다. 원래 교훈은 경주를 하다 잠을 자고 게으르면 안 된다는 것이었습니다. 요즘 그 토끼와 거북이 이야기를 생각하다가 이런 엉뚱한 생각을 해보았습니다. 토끼와 거북이가 경주를 하기로 했는데,

친구인 토끼는 항상 느릿느릿 기어 다니는 거북이를 불쌍히 여겼습니다. 거북이는 항상 다른 동물 친구들과 경주하면 꼴찌를 했기 때문입니다. 토끼는 이번 경주에는 거북이가 이기도록 해주자는 마음으로, 경주에서 출발을 한 다음에 어느 정도 거리에서 일부러 잠을 자는 척했다는 것입니다. 땀을 뻘뻘 흘리며 자기 옆을 지나가는 거북이를 모른 척하고 몰래 슬며시 눈을 떠 거북이의 뒷모습을 보며, 결승선에서 승리의 환호를 지르는 거북이를 보고 마음속 깊이 기뻐했다는 것입니다. 이솝이 그런 내용을 썼다면 세상 어린이들의 마음은 더욱 아름다웠을 텐데 하는 아쉬움입니다.

각박하고 빠르게 변화하는 우리 세상에서 그런 여유와 배려가 있다면 참 좋겠습니다. 뒤에 쳐지는 사람들을 비웃고 손가락질하지 말고, 그들이 일어나 늦지만 함께 갈 수 있도록 함께하고 도와준다면, 우리 모든 자녀를 사랑하시는 하나님은 너무 기뻐하실 것입니다.

산호세의 천문대

몇 년 전부터 산호세 우리 동네에서 꼭 하고 싶은 두 가지 소망이 있었습니다. 그중 한 가지는 서쪽 산등성이를 가르는 35번 도로인 skyline boulevard에서 자전거를 타는 것이었습니다. 거의 산 정상길이기 때문에 페달을 밟아 자전거를 타면서 하늘 길을 느껴보고 싶었습니다. 작년 여름휴가 때 자전거를 차에 싣고 올라가 달렸는데, 너무 힘들어 죽는 줄 알았습니다. 차를 타고 갈 때는 평탄한 길인줄 알았는데 실제는 그렇지 않았습니다. 또 한 가지는 동쪽 산 정상에 있는 흰색 천문대에 올라가 산호세를 바라보며 축복기도를 하는 것이었습니다. 동쪽을 향하여 운전할 때마다 산 정상의 천문대를 바라보며 항상 '한번 올라가 봐야 하는데' 하는 마음이 있었습니다. 거기에 올라가면 산호세가 한 눈에 들어올 것 같았습니다.

며칠 전 오랜만에 오후에 모임이나 심방이 없어 용기를 내어 올라갔습니다. 오래전부터 지도를 통하여 가는 길도 찾아 놓고, 구글(google)을 통하여 지형도 보아 놓았지만, 정작 올라가지 못했던 그 길로 천문대를 향해 출발했습니다. 꼬불꼬불한 산을 두 개나 넘어야 하는 천문대는 무척이나 높은 곳에 있었습니다. 천문대에 도착했을 때 예약 없이 들어갈 수 없다는 것과 그날은 마침 천문대를 개방해서 대형망원경 통해서 별을 볼 수 있는 일 년에 몇 번 없는 스페셜 프로그램이 있는 날이라는 것을 알게 되었습니다. 마침 한명이 취소해서 천문대에 들어갈 수 있었고, 난생 처음 천문대에서 별과 달과 검붉은 태양을 보았습니다. 토성(saturn)의 띠를 정말 선명하게 보았고, 너무나 밝은 달을 작은 분화구까지 볼 수 있는 특별한 시간이었습니다. 산호세의 야경은 너무나 아름다웠습니다.

늦은 오후, 해가 떨어지기 전, 맑은 하늘에서 눈으로 볼 수 없는 토성을 크기는 작지만 선명하게 보면서 제대로 보이지 않는 것을 볼 수 있는 마음의 눈은 무엇인가 생각해봅니다. 작게 보이고, 제대로 보이지 않는 작은 사람들과 작은 일들을 온전하게 볼 수 있는 것은 망원경이 아니라, 작은 것을 보려고 하는 사랑이 아닌가 생각해 봅니다. 참 사랑이라는 망원경은 새로운 세상을 보게 할 것입니다.

소금의 단계

　자신을 '염밭쟁이 아들'이라고 하는 신학교 선배 목사님이 계십니다. 항상 넓은 마음을 가지고 세상을 섬기는 귀한 분입니다. 염밭쟁이 아들이라고 하는 것은 아버님이 염전을 가지고 계시다는 말입니다. 목사님은 어렸을 때부터 소금 만드는 것을 보며 자랐기 때문에 천일제염법에 대하여 해박하신 분입니다. 소금을 만드는 집안이고 세상의 소금이 되라고 하시는 주님의 말씀 때문에 목사가 된 것인가 혼자 생각합니다.

　목사님의 설명에 의하면 소금을 만들기 위해서는 3% 정도 되는 바닷물을 저수지에 가둔다고 합니다. 그 저수지에 가둔 바닷물을 수차로 퍼 올려 염전 변두리에 있는 1,2차 증류지를 거치게 한다고 합니다. 지금이야 전기를 이용한 펌프를 사용하고 있겠지만, 제가 어렸을 때 보았던 염전이나 논에서는 물을 퍼 올릴 때 수차를 사용했습니다. 바닷물은 1, 2차 증류지를 거치면서 염도를 18-23%까지 올린다고 합니다. 이때의 염도가 높은 짠물을 함수 혹은 간수라고 하는데, 이 짠물이 실질적으로 소금을 만들 수 있다고 합니다. 이 짠물을 모판에 앉히고 햇볕을 받게 하는 과정을 통해 저녁때가 되면 소금이 가라앉게 된다고 합니다. 그 소금을 거두어 창고에 모아두었다가 시장으로 내보낸다고 하셨습니다. 우리가 사용하는 소금은 하나님이 주신 바닷물에서 수많은 노동과 땀에 의해 만들어진 귀한 것들입니다.

우리 주님은 우리에게 세상의 소금이라고 말씀하십니다. "소금이 맛을 잃으면 무엇으로 짜게 하리요" 하시면서, 소금이 소금답게 짜지 않으면 밖에 버려진다고 준엄한 경고까지 하십니다. 소금이 만들어지는 과정을 들으면서 진정 나는 어느 단계의 소금인가 생각해 봅니다. 염도가 낮은 바닷물인지, 아니면 아직 소금이 되지 못한 짠물, 간수인지, 아니면 소금결정으로 만들어진 진짜 소금인지 내 자신을 돌아보게 됩니다. 소금은 소금답게 짜야 하는데 그렇지 못하다면 겉으로 보기에는 소금인데, 전혀 역할을 하지 못하는 껍데기 소금이라는 것을 주님은 알려주십니다. 당신은 지금 어느 단계의 소금입니까?

사용할 수 없는 물

　40년 만에 찾아온 한국의 가뭄이 농민들의 가슴을 메르스 때보다 더 타들어가게 하고 있습니다. 갈라진 논에서 모가 말라 죽어가고 있고, 저수지가 바닥을 보인 정도가 아니라 거북이 등처럼 갈라진 신문의 사진을 보며 함께 마음이 아파집니다. 며칠 전 신문에 우리 고향에 대한 기사가 나왔습니다. 금강과 15Km 떨어진 한 동네에 지대가 높고 하천이 먼 이 마을에서 물대기가 끝난 논은 농경지의 3분의 1도 채 안된다고 합니다. 올해 밭농사를 포기한 농민도 적지 않다고 합니다. 저수지는 바닥을 보이기 시작했지만, 금강에 가득하게 고인 물은 그림의 떡이라고 했습니다.
　한국에는 4대강이 있습니다. 4대강 공사는 22조 원을 쏟아 부은 엄청난 토목공사였습니다. 4대강 사업을 추진할 때 목적은 가뭄과 홍수 예방이라고 했습니다. 시작할 때 말들이 많았지만, 홍수와 가뭄 등을 예방할 수 있다고 해서 농민들은 그렇게 믿었습니다. 그런데 기자는 심한 가뭄인데도 불구하고, 4대강 물은 무용지물이라고 말합니다. 4대강에는 물이 풍성해서 찰랑이고 있지만, 너무 모아 놓아서 녹조까지 생기고 있지만, 실질적인 가뭄에는 사용할 수 없는 물이라고 합니다. 아무리 물이 많이 모여 있다고 해도 쓸모없는 물은 의미가 없습니다. 넘치는 물을 사용할 수 없는 농민들의 마음이 안타깝습니다. 농민들은 큰돈을 벌려는 욕심에서가 아니라, 삶의 근본이 되는 양식을 위한 농지를 놀리는 것이 죄스런 마음에서 농사를 짓고 있기에 더욱 안타깝습니다.

4대강에 찰랑찰랑한 물, 넘치는 물이 있음에도 사용하지 못하는 것을 보면서 한국교회를 생각합니다. 풍성한 좋은 물이 있음에도 논의 모가 말라가고, 저수지 바닥이 갈라지는 모습이 한국교회의 모습입니다. 가슴이 답답합니다. 더 많은 교인들을 채우려고 하는, 그리고 저장만 하고 있는 4대강 교회들의 내일이 두렵습니다.

두 마리 늑대

서울에 있는 내 친구가 어떤 드라마에 나온 것이라고 하면서 몇 컷의 만화를 보내주었습니다. '두 마리 늑대'라는 짧은 만화였습니다. 오래전에 비슷한 이야기를 들었는데, 의미가 함축된 만화로 보니 새로웠습니다. 체로키 인디언들로부터 내려오는 이야기라고 합니다. 한 인디언 추장이 꼬마에게 자신 안에서는 싸움이 일어나고 있는데 두 늑대 사이에서 벌어지는 끔찍한 싸움이라고 말합니다. 한 마리는 악한 늑대인데, 욕심, 오만, 죄책감, 허세, 열등감, 화, 질투로 가득한 늑대이고, 다른 한 마리는 선한 늑대인데, 기쁨, 평화, 사랑, 희망, 자비, 너그러움 그리고 믿음으로 가득한 늑대라고 합니다. 이 싸움은 자신 안에서도 일어나고 있고, 다른 모든 사람들의 내면에서도 일어나고 있다고 말합니다. 인디언 꼬마가 질문합니다. "할아버지, 그런데 어떤 늑대가 이기나요?" 인디언 추장은 말합니다. "네가 먹이를 주는 쪽이 이기는 것이란다"(The one you feed).

우리의 마음을 너무나 정확하게 설명해 주는 만화였습니다. 내 안에만 두 마리의 늑대가 있는 것이 아니라, 다른 사람들 안에도 두 마리의 늑대가 있다는 것입니다. 다른 사람들 안에만 두 마리의 늑대가 있는 것이 아니라, 내 안에도 두 마리의 늑대가 있다는 것입니다. 이 짧은 만화를 보며 한참 생각했습니다. 내 안에 있는 두 마리의 늑대 가운데 나는 어떤 늑대를 먹이고 있는가 생각할 때 부끄러운 마음이었습니다. 그런데 나만 그런 싸움을 하고 있는 것이 아니라, 다른 사람들도 그런 싸움을 하고 있다고 생각하니 오히려 불쌍히 여기는 마음이 듭니다.

사도 바울은 노년에 말합니다. 자신이 해야겠다고 생각하는 일은 하지 않고, 도리어 해서는 안 되겠다고 생각하는 일을 하는 이유는 자신 안에 다른 법, 바로 죄 때문이라고 고백합니다. 자신의 마음의 법과 싸운다고 합니다. 두 마리의 늑대들입니다. 주님만이 이 문제를 해결할 수 있습니다.

잡초 제거

제가 어렸을 때 살았던 고향집은 시골에 있었기 때문에 밭이 있었습니다. 아버님께서 목회와 교육사역을 하셨기 때문에 농사를 짓지는 않았지만, 집 옆에 넓은 밭이 있어 집에서 먹을 채소들을 심었습니다. 부지런하셨던 아버님께서 철따라 파, 고추, 마늘, 배추, 감자 등을 심어 지금 생각하면 유기농 야채를 먹었습니다. 아침에 일어나 밖에 나가면 아버님께서 밭에서 땀을 흘리며 일하시는 것을 종종 보았습니다. 봄철이 되면 가을 때까지 틈나는 대로 땅을 일구고, 고랑을 만들어 씨를 뿌리셨고, 싹이 나면 물을 틈틈이 주셨으며, 밭에 있는 풀들을 뽑으셨습니다. 주로 아버님이 하셨지만, 어머님의 강한 권고와 협박으로 밭으로 나가 풀을 뽑는 것은 우리의 몫이었습니다. 한국의 여름은 비도 많이 내리고 햇볕이 좋기 때문에 정말 풀이 많이 자랐습니다. 방학 때가 되면 시간을 정해놓고 풀을 뽑는 일이 방학생활 계획표의 한 부분이었습니다. 시골에서는 논둑이나 밭고랑에 풀이 많으면 그 집은 게으른 집이라고 합니다. 뜨거운 햇볕 아래 풀 뽑는 일이 그때는 싫었습니다. 지금 생각하면 하나님의 큰 은총이었고,

자연과 인생을 배울 수 있었던 좋은 경험이었습니다.

    농사를 짓든지 정원을 가꾸든지, 잡초는 때와 장소에 적합하지 않은 식물을 말합니다. 그 가치가 아직 발견되지 않은 식물들이라고 말하는 시인이 있지만, 잡초는 특히, 농사를 짓는데 있어 불필요한 풀입니다. 야채밭에 잡초가 많으면 야채의 영양분을 빼앗기고, 풀들이 무성하게 자라서 야채가 제대로 성장하지 못합니다. 그래서 풀들을 뽑아내야 합니다. 우리의 건강한 영성생활에서도 마찬가지입니다. 우리 삶을 가로막는 풀들이 무성해지지 않도록 잡초를 제거하는 것이 끊임없는 기도와 묵상과 섬김입니다. 영적 잡초 제거를 게을리 하면 열매 맺지 못하는 삶이 됩니다.

4부

즐겁게 일할 수 있는 방법

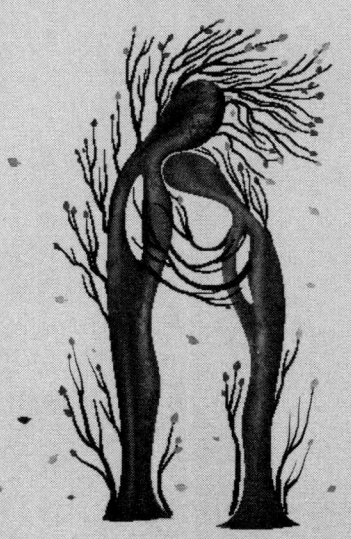

어울림의 삶

　우리 집에서 보는 몇 가지 잡지 중에 '리빙'(Living)이라는 매거진이 있습니다. 텔레비전의 요리가로서 뿐만 아니라 사업수완으로도 많이 알려져 있지만, 최근에 주식 거래의 문제가 있어 소송 중에 있는 Martha Stewart가 만드는 잡지입니다. 음식뿐만 아니라 가정의 인테리어 분야까지 다루는 재미있는 잡지입니다. 이 잡지가 올 때마다 책 속에 들어있는 감칠맛과 품위 있는 멋을 느끼곤 합니다. 엊그제는 왜 이 잡지가 사람의 마음을 끄는가 궁금해서 집사람과 함께 유심히 살펴보았습니다. 매달 여기에 나오는 음식은 집사람이 말하는 대로 특별한 음식들이 절대 아닙니다. 특별한 재료들이 있어야 만드는 요리들도 아닙니다. 화려한 음식인 것 같아 잘 살펴보면 특별한 때도 있긴 하지만 일반 가정에서 손쉽게 할 수 있는 것들입니다. 그런데도 우리의 관심을 끄는 것은 거기에 나오는 음식과 주변의 어울림이었습니다. 무엇보다도 밝은 분위기를 만들어 내는 사진기술이 돋보이지만, 중요한 것은 단순한 음식과 감각 있는 그릇의 조화, 거기에 어울리는 밝은 파스텔 계통의 식탁보(tablecloth), 거기에다

음식과 그릇, 예쁜 컵, 포크(fork)와 젓가락 등의 감각 있는 배치였습니다. 똑같은 음식이지만 주변과의 어울림이 이렇게 맛과 멋을 다르게 하는 것이구나 하고 깨닫게 되었습니다. 리빙(Living)의 아름다운 어울림을 보면서 우리의 삶을 되돌아보게 되었습니다.

　우리 삶의 아름다움이라는 것은 자신만의 삶이라고 얘기하는 사람들이 있지만 무엇보다도 함께 어우러진 이웃들의 삶과 의미 있는 만남이 있을 때 더욱 아름다워진다는 것을 생각해 봅니다. 내 삶 주위에 맑은 생각을 가지고 있는 사람들, 끊임없이 새로움에 대한 열정을 가지고 살아가는 사람들, 세상적인 물질보다도 양심과 믿음에 더욱 관심을 가지고 살아가는 사람들, 자신보다도 다른 사람을 더 생각하는 사람들이 삶의 주변에 어우러질 때 진정 아름다운 삶의 맛과 멋을 만들어 낼 수 있습니다. 자신의 삶도 아름답고, 자신의 삶과의 어울림으로 다른 사람들의 삶이 아름다워지는 그런 건강한 삶을 만드는 창조적인 사람이 되어보십시오.

뿌리에 집중하는 삶

　어젯밤 늦은 시간부터 비가 내리기 시작하더니 메말라 있었던 대지를 촉촉이 적셨습니다. 어제 추수감사절 저녁식사(Thanksgiving Day Dinner)를 하면서 올해는 비가 늦게 시작된다고 이야기를 나누었는데, 이야기했던 사람들이 집에 가기 전에 비가 오더니 밤새 내린 것 같았습니다. 아침 비가 그치고 바람이 부니 눈이 내리듯이 낙엽들이 길가에 흩날렸습니다. 차를 타고 가는데 바람에 무수히 떨어지는 낙엽으로 인해 멀리 바라볼 수 없을 정도였습니다. 동네 길 양쪽의 나무들에서, 부는 바람에 눈 내리듯이 떨어지는 낙엽들은 장관이었습니다. 아름다움은 곳곳에 있는가 봅니다.
　화려했던 단풍과 물들었던 나무에서 떨어지는 낙엽으로 인해 나무들이 앙상한 가지를 보이기 시작했습니다. 조금 있으면 화려한 옷을 벗은 나무들은 겨울을 날 준비를 할 것입니다. 그 나무들은 앞으로 잎새가 모두 떨어져 앙상한 가지가 되어 죽은 것 같이 보일지 모르지만, 땅속에 묻혀있는 뿌리가 살아있는 한 그 나무는 죽은 것이 아닙니다. 그러나 아무리 열매가 있고, 잎새가 화려해도 뿌리가 절단되어 있다든지 죽어간다면 오래가지 않아 죽은 나무가 될 것입니다. 겉으로 볼 때 다 죽어있는 것 같을지라도 뿌리가 살아있으면 봄에 다시 살아나 잎을 내고 열매를 맺게 될 것입니다. 나뭇잎들은 울창하게 자랐다가 예쁘게 물들고 그리고 낙엽으로 떨어집니다. 끊임없이 변화합니다. 그러나 변하지 않는 것은 땅속에 묻혀 보이지 않는 뿌리이고, 그 뿌리가 생명이고 힘입니다.

　세상에는 잎사귀의 문제에 집중하는 사람들이 있습니다. 어떤 이들은 가지에 집중합니다. 멀리 바라보지 못하는 어리석은 사람들의 관심입니다. 진정 멀리 바라보며 존귀한 열매를 맺기를 원하는 사람들은 뿌리에 관심을 집중해야 합니다. 뿌리에 집중하는 사람들은 환경이 바뀌고 삶의 어려움과 시험이 있다고 하더라도 흔들리지 않고 자기의 길을 갈 수 있습니다. 우리 삶의 진정한 뿌리는 그 삶에 대한 애정과 열정입니다. 삶에 대한 애정과 열정은 하나님 말씀과 복음에 대한 살아있는 믿음에서 시작됩니다.

삶과 사고의 표현

대학 다닐 때 교회사를 가르쳐 주셨던 한태동 교수님이 계셨습니다. 교수님의 강의는 학교에서 유명하여 신학과 학생들보다 타과 학생들이 더욱 관심을 가지고 강의를 들었습니다. 선생님의 강의는 그의 사고만큼 독창적이고 창조적이었습니다. 중세교회사에 있어 특정한 시대의 신학은 그 당시의 문화와 사고의 표현과 밀접한 관계가 있다고 주장하셨습니다. 그리하여 한 학기동안 교회사에 있어서 단편적인 지식이나 사실보다는 그 당시의 문학, 건축, 미술, 음악들을 몇 주씩 가르치시면서 우리의 사고를 넓혀 주셨던 것이 기억됩니다. 시대정신은 문학으로, 건축으로, 미술로, 음악으로 표현되고 신학에 있어서도 영향을 준다는 것이었습니다. 문학가는 시와 소설로 자신의 정체성을 표현합니다. 위대한 건축가는 자신의 건축물을 통하여 자신이 가지고 있는 사고와 지향성을 표현하게 됩니다. 미술가는 자신의 작품을 통하여 자신이 말하고자 하는 메시지를 표현합니다. 음악가는 마음속에 가지고 있는 것들을 음악으로 표현합니다. 한국이 낳은 정명훈 씨는 세계적인 지휘자입니다. 오케스트라를 지휘하는 그의 얼굴을 보면 음악에 몰입한다는 것이 이런 것이구나, 음악에 대한 열정은 저렇게 표현하는구나 하고 생각하게 됩니다. 그는 사람마다 자기 마음속에 있는 것을 표현하는 방법을 가지고 있는데, 그의 경우에는 그 방법이 가장 편하다고 말한 적이 있습니다. 그의 마음속에 들어있는 것이 음악이기 때문입니다. 마음속에 춤을 품고 있는 사람은 무용으로 표현합니다. 음악이나 무용에는 강렬한 마음에 대한 메시지가 있기 때문입니다. 그런 마음이 없는 사람들은 단순한 기능인들입니다.

그렇다면 예수님을 따르는 우리들은 무엇으로 크리스챤 정신을 표현할 수 있습니까? 그것은 우리의 말과 행동입니다. 사랑이 담겨 있는 말이 우리에게서 나오고, 사랑의 향기가 나는 행동이 있을 때 하나님의 마음과 예수님의 복음을 진실로 표현하게 됩니다. 예수님을 우리 맘속에 담고 있으면 사랑이 있는 말과 행동으로 표현됩니다.

칭찬의 기쁨

어렸을 때부터 지금까지 여러 선생님들과 만남을 가졌고 가르침을 받았습니다. 좋은 선생님들이 많이 있었는데 그 가운데 한 분이 중학교 때 만난 임소진 선생님이란 분입니다. 중학교 2학년 때 수학을 가르쳐 주셨던 분인데 영어를 무척이나 잘하셨던 선생님이셨습니다. 그 당시 연세가 있으셨는데도 영어 단어장을 가지고 다니실 정도로 성실하신 분이셨습니다. 그때 나는 수학에 약간 흥미를 가지고 관심을 가질 때였습니다.

하루는 수업시간에 어려운 수학문제를 풀다가 내가 옳은 대답을 했던 것으로 기억하는데 선생님께서 칭찬을 많이 해주셨습니다. 칭찬해주신 것도 기쁨이었는데, 교무실에 일이 있어 들어갔을 때, 선생님께서 가까이 오라고 하시더니 작은 쪽지에다 문제 하나를 주시면서 풀어오라는 것이었습니다. 약간 어려운 문제였는데 선생님께서 주신 문제였기 때문에 집에서 어렵게 해결하여 그 과정과 답을 드렸습니다. 선생님은 내가 풀어온 답을 보신 다음에 "참 잘하는구나"라는 말씀을 해주셨습니다. 그런 다음 다시 복잡한 문제를 주셨습니다. 자주는 아니었지만 매번 작은 쪽지에다 문제를 주셨고, 내가 풀어 가면 틀린 것은 고쳐주시고, 정답이면 칭찬해주셨습니다. 그 선생님의 칭찬으로 나는 수학에 깊은 관심을 가지게 되었고 재미도 느끼고 자신감도 생겼습니다. 그 후 선생님이 사고로 돌아가셨다는 이야기를 중학교를 졸업하고 한참 후에 듣게 되었습니다. 수학문제를 보면 길지 않은 시간이었지만 그 선생님과의 아름다운 만남과 칭찬이 선명하게 기억됩니다.

사람을 칭찬하면 그 사람은 변화됩니다. 잘못한 것을 지적하여 사람을 발전시키는 것보다는 오히려 칭찬하여 변화시키고 발전시키는 것이 더 건강하고 효과적이란 말을 들은 적이 있습니다. 우리들은 세상에서 성공하려고 자신을 위해 많은 노력을 합니다. 그러나 나에게 하는 노력의 10%만 다른 사람을 칭찬해주면 그 사람은 성공할 수가 있습니다. 내가 나 자신을 드러내려고 하면 사람들이 인정하지 않지만, 내가 다른 사람을 칭찬하면 그것은 사람들이 받아들이기에 성공하게 되어있습니다. 다른 사람을 칭찬하는 기쁨과 변화하는 것을 보는 기쁨은 이루 말할 수 없습니다.

세상을 변화시키는 한 사람의 친절

　며칠 전 귀래의 여권 갱신 때문에 샌프란시스코에 있는 영사관에 다녀왔습니다. 멕시코 미션을 준비하고 있는 귀래의 여권 유효기간이 마감되었기 때문입니다. 주일을 지내고 난 월요일이라 약간 피곤했는데 사진과 관계된 자료를 가지고 영사관에 갔습니다. 영사관은 샌프란시스코 복잡한 주택가에 있기 때문에 갈 때마다 차를 제대로 놓지 못해 고생하고, 언덕에 주차해야 할 때도 있기 때문에 부담스러운 마음을 가지고 가게 됩니다. 영사관 가까이 갔을 때 이번에는 한쪽 길을 막고 도로공사를 하고 있었습니다.

　근처에 어렵게 주차하고 영사관에 들어가 여권을 담당하는 직원에게 가서 여권 갱신하는 절차를 물었습니다. 나와 같이 여권 때문에 온 사람들이 있었고, 곁에서 보니 전화로 안내를 해야 하는 일들이 많았습니다. 그럼에도 여권을 담당하는 이름 모를 그 직원은 여권 때문에 찾아온 모든 사람들에게 정말 친절하게 안내해주었고, 따뜻한 미소를 가지고 도와주었습니다. 마치 오래 전부터 알고 있었다는 듯이 말입니다. 도움 받으러 온 사람들을 배려하고, 사람 만나는 일이라 피곤할 텐데도 불구하고 웃음을 잃지 않았습니다. 사실 이민국이나 DMV에 갈 때 거기에서 친절을 기대하지 않듯이, 영사관에도 그런 기대를 하고 간 것이 아니었는데, 생각지 못한 친절한 서비스를 받으니 기분이 정말 좋았습니다. 일을 마치고 밖으로 나오니 맑은 하늘의 청명한 샌프란시스코가 더욱 아름답게 보였습니다.

　복잡한 길을 나오면서도 짜증이 나지 않았습니다. 오는 도중에 누군가 나에게 전화로 도움을 청했는데, 다른 때 같으면 운전 중이라 다음에 통화하자고 했을 텐데 기분 좋은 그날은 길 밖으로 나가 주차해 놓고 내가 아는 모든 것을 알려주었습니다. 친절은 전염이 되는가 봅니다. 성령의 열매 중의 한 가지가 친절(자비로 번역됨)인데, 성령의 열매인 친절은 다른 사람들에게 또 하나의 열매를 맺게 하고 사람들의 마음을 변화시키며 세상을 아름답게 만드는가 봅니다. 그 친절한 직원이 하나님의 사람이었으면 참 좋겠습니다.

작은 사랑, 큰 행복

오래전 한국에 다녀오신 집사님은 한국을 떠날 때 인천공항에서 항공사의 잘못으로, 좌석을 배정받는 과정 때문에 불편함을 겪었습니다. 다른 사람들 같으면 항의도 하고 담당자를 불러 꾸짖기도 할 텐데 우리 집사님은 오히려 당황해하는 그 직원에게 괜찮다고 하면서 가장 늦게까지 기다려 주었습니다. 불편함에도 참고 기다려준 승객이었기 때문에 직원들이 예의를 다해 감사의 표시를 했다고 합니다. 집으로 돌아오신 집사님은 며칠 후, 한국에서 온 모르는 발신인의 편지를 받았습니다. 열어보니 공항에서 실수했던 여직원의 편지였고, 그 편지에는 자신의 부족함에도 불구하고 오히려 친절하게 위로해 주고 참아 주셔서 감사했다는 내용이 있었습니다. 생각지도 않았던 감사편지를 받으신 집사님은 아름다운 마음에 감동하셔서, 그 항공사의 고객들의 소리를 듣는 웹사이트에 그 여직원의 편지 내용과 함께 칭찬하는 글을 올리셨다고 합니다. 며칠 후 항공사의 높은 위치에 있는 고객담당 책임자가 편지를 보내왔는데, 항공사에 깊은 관심과 사랑을 나누어 주셔서 감사하다는 내용과 함께 그 직원의 편지 내용과 집사님의 편지를 전 회사 직원들이 볼 수 있도록 게시판에 올렸다는 것이었습니다. 실수를 했지만 감사를 표시했던 그 여직원은 회사에서 큰 칭찬을 받았을 것입니다. 항공사 여직원의 작은 감사의 편지이지만 집사님에게 행복한 마음을 만들어 주었고, 집사님의 감사편지는 그 여직원을 더욱 행복하게 만들었습니다.

　우리 삶의 행복이라는 것은 많은 돈이 있어야 만들어지는 것은 아닙니다. 작은 관심을 가지고, 작은 사랑을 나누고 표시할 때, 사람의 행복은 커가는 것입니다. 작은 사랑에는 그 사람의 마음이 들어있기에, 작은 관심과 사랑을 받는 사람은 행복해지는 것입니다. 세상은 돈으로 행복을 사려고 하지만 마음이 담겨져 있지 않기에, 화려하지만 행복을 만들어 낼 수 없습니다. 작은 돈으로 만드는 큰 행복을 주위에서 찾아보는 삶을 살아보십시오. 작은 사랑 큰 행복의 삶이 우리 가운데 이루어진다면 세상은 더욱 아름다울 것입니다.

도덕성이 밥 먹여 준다

한국의 대통령 선거는 사회의 지향성과 사람들의 관심사를 잘 읽을 수 있는 현장입니다. 대통령 선거를 잘 읽으면 현 사회의 문제와 국민들의 현실적인 필요를 알 수 있고, 시대적인 과제까지도 파악할 수 있습니다. 이번 한국의 대통령 선거는 치열한 선거전이 계속 되다가, 항상 그러하듯이 막판 변수들이 생겨 혼란이 있었고, 세상의 소리보다 자기주장이 강한 현대인들이 자기의식에 따라 선거하여 예상대로 이명박 후보가 당선이 되었습니다. 하나님을 믿는 사람, 장로가 당선이 되었다고 교회와 기독교인들은 기뻐하고, 앞으로 펼쳐질 그의 정치에 많은 기대를 하고 있습니다. 목회자 이전에 기독인으로서 크리스천 대통령이 되었다는 것에 대하여 기뻐하면서도, 하나님을 믿는 사람이 대통령이 되었기에 우리 기독교가 더욱 겸손해지고 낮아지는 교회가 되지 않으면 세상의 손가락질을 받을 수 있다는 것을 생각하게 됩니다. 무엇보다도 선거 기간에 선거의 쟁점이 되었던, '경제냐? 도덕성이냐?'는 우리 믿는 사람들로서는 겸손히 고민해야 할 문제이자 과제였습니다. 경제보다는 세상의 도덕성이냐 아니면 도덕성보다는 세상의 경제를 살려야 하느냐의 질문은 시대의 건강하지 못함을 잘 알려주는 척도였습니다. 이 질문을 듣고 볼 우리의 자녀들이 그것을 어떻게 받아들이고, 도덕성에 대한 공부를 어떻게 해야 할지 고민케 하는 부분입니다. 도덕성과 양심이 어떠하든지 경제만 잘 되면, 잘 살기만 하면 괜찮다는 세상의 생각은 나를 마음 아프게 했습니다. 더욱이 대통령 후보의 도덕성, 양심을 이야기하면서 교회의 장로라고 꼬리표를 붙일 때는 부끄럽기까지 했습니다.

세상은 '도덕성이 밥 먹여 주냐?'라고 신문에 크게 외치는데, 저는 세상에 '도덕성이 밥 먹여준다'라고 분명히 말하고자 합니다. 제 이야기가 아니라 예수님의 말씀이요, 하나님의 뜻이기 때문입니다. 세상은 경제(돈)를 택했지만, 우리 믿는 사람들은 양심을, 도덕성을, 옳음을, 정의를, 진실을 선택해야 합니다. 먹을 것이 없어 굶주림이 아니라, 말씀이 없는 굶주림은 더욱 세상을 배고프게 만들 것입니다.

건강 재테크, 영적 재테크

사람들의 최대 관심사는 건강입니다. 현대 의학이 끊임없이 비약적인 발전을 하고 있음에도 건강에 대한 확신은 누구도 가질 수 없기에 책, 언론, 약, 영양제, 운동 등 건강과 관련된 분야들이 앞서가고 있습니다. 신문에 건강에 대한 재미있는 글이 있었습니다. 건강에도 재테크가 필요하다는 것입니다. 돈을 잘 굴려야 갑부가 되듯이, 건강도 계획과 실천이 따라야 이룰 수 있다는 것입니다. 건강 수명을 위한 첫 번째 전략은 셀프케어(selfcare)라고 하면서 자기 관리를 통해 최적의 건강상태를 유지하는 것이라고 했습니다. 예를 들면, 골다공증을 예방하기 위해 어려서부터 칼슘이 풍부한 음식을 섭취하고, 운동을 꾸준히 해야 한다는 것입니다. 두 번째는 조기 발견 시스템을 활용하는 것으로, 위험 요인에 노출되기 전에 질병을 찾아내 초동 진압을 해야 한다는 것입니다. 마지막으로는 위기관리로 자신의 몸에 외치는 경고에 귀를 기울여야 한다고 했습니다. 위와 같이 몸의 건강을 위해 끊임없이 셀프케어를 하고, 자신의 몸에 나타나는 증상들을 조기 발견하여 적절한 반응을 하고, 몸에 외치는 경고에

주의 깊게 귀를 기울일 때 건강을 유지할 수 있습니다. 만약 이런 자기 관리를 하지 않고, 건강에 대한 계획과 실천이 뒤따르지 않으면 우리 인간들이 가장 소중하게 여기는 건강을 잃어버리게 될 것입니다.

몸의 건강을 위해 건강 재테크를 하듯이, 우리의 영적 건강을 위해서는 영적 재테크를 해야 합니다. 우리의 영적 상태가 어떠한지를 끊임없이 점검하고 확인하면서, 영적 건강을 잃어 가는 증상들이 나타날 때 주의를 기울여야 합니다. 예를 들면, 예배드리는 것이 귀찮아지고, 사람들과 함께 일하는 것이 무겁고, 사랑하고 다른 사람들을 배려하는 것에 대하여 게을러질 때 영적 조기 발견 시스템을 활용하여 자기의 문제를 신속히 알아서 적극적으로 영적 치료를 해야 합니다. 무엇보다도 최적의 영적 건강 상태를 유지하기 위해서는 평상시 음식을 골고루 먹어야 하듯이, 온전한 예배를 드리고, 기도하는 삶과 기뻐하는 삶을 유지하고, 사람을 섬기고 사랑하는 훈련을 계속해야 합니다.

두려움 넘어서기

우리 동네에 비가 오면, 멀리 산 위의 동네는 눈이 많이 내렸을 것입니다. 스키를 좋아하는 사람들은 내리는 눈을 보면서 스키장의 눈을 상상하는 아름다운 생각을 할 것입니다. 얼마 전 찬양팀에서 수련회를 갔다가 근처의 스키장에 함께 간 적이 있습니다. 1년에 한 번 정도 눈을 보러 갔다가 스키를 타곤 했는데, 스키가 약간 익숙해 질 무렵이면 산에서 내려오기 때문에 실력이 늘지를 않았습니다.

이번에는 2년 만에 간 스키장이었기 때문에 부담을 가지고 리프트를 탔습니다. 높은 코스에서 내려오면서 많이 구르면 바로 배울 수 있다는 유혹(?)을 받고 올라갔는데, 생각과는 정반대로 내려올 수가 없었습니다. 첫 번째라서 기본 실력이 되살아나지 않았기도 했지만, 경사가 심해서 속도가 엄청나기에 스피드에 대한 두려움이 있었습니다. 약간 내려가다가 두려움이 생기면 방향을 바꾸면서 넘어지는 것이었습니다. 처음에는 거의 구르고, 기어서 아래까지 내려왔습니다. 오기가 생겨 다시 올라갔고, 첫 번째와 마찬가지로 구르면서 내려왔습니다. 그런데 차이는 스피드에 대한 두려움이 줄어든 것이었습니다. 용기를 내서 세 번째 올라갔을 때는 경사와 스피드에 대한 두려움이 많이 줄어드니 내 몸을 약간 조절할 수 있었고, 넘어지지 않고 내려오니 재미도 있었습니다. 재미까지 있으니 새로운 코스에 도전하게 되었습니다.

리프트를 타고 오르면서 경사와 스피드에 대한 두려움 때문에 넘어지고 포기하는 사람들이 많은 것처럼, 스키장보다 더욱 경사가 심하고 차원이 다르게 힘든 세상에서 하나님의 말씀대로 살아갈 때의 두려움을 생각하게 되었습니다. 세상 방식대로 살아가면 편하게 살아갈 수 있지만, 예수님의 말씀대로 살아가기에 넘어지고 굴러야 하는 경사가 있고, 넘어짐에 대한 두려움이 있습니다. 처음에는 두려움이 있지만 그러나 포기하지 않고 세상에 예수님의 복음으로 도전하면 익숙해지면서 두려움은 약해지고, 이길 수 있는 자신감을 가질 수 있게 됩니다. 또한 복음으로 사는 재미까지 느껴 새로운 도전을 하게 되는 것입니다.

믿음의 역청

　요즘 계속되는 비로 인해 산과 들이 푸르러졌지만, 추운 날씨로 인해 감기 걸린 사람들이 많습니다. 비가 자주 오니 옷이 젖기도 하지만, 평상시 신고 다니는 구두가 비를 맞아 습해진 것을 느낄 수 있었습니다. 엊그제 습기가 약간 마른 지저분한 구두를 구두약을 사용해서 말끔히 닦았습니다. 오래전 군대에 있을 때 구두를 열심히 닦아야 했던 때가 생각납니다. 저녁 점호 때가 되기 전에 구두를 닦아 검사를 받곤 했습니다. 깨끗한 군인복장을 위해서도 신경을 쓰지만, 구두를 잘 관리하기 위한 방법이라는 것을 시간이 지나면서 알게 되었습니다. 특히 비에 덜 젖기 위해서는 구두약을 잘 발라주어야 물이 스며들지 않기 때문입니다.

　구두약으로 구두를 닦으며 노아의 방주가 생각났습니다. 세상을 구원할 사람들과 동물들을 위해 커다란 방주를 만들도록 하신 하나님은 방주에 물이 스며들지 않도록 역청(tar)을 안팎에 칠하라고 합니다. 지금이야 방수 기술이 좋아지고 소재가 좋아져 역청이 필요 없겠지만, 그 당시의 역청은 새로운 문명의 발견이었을 것입니다.

역청으로 인해 노아의 방주는 사십일 동안의 홍수를 이겨낼 수 있었습니다.

 이 역청은 노아의 방주뿐만 아니라 우리의 삶에도 필요합니다. 우리의 삶에 끊임없이 스며들어오려고 하는 세상의 죄악들과 바르지 못한 것들이 너무 많기 때문입니다. 우리에게 한 치의 빈틈이라도 생기면 주저 없이 들어오기 때문에, 물이 스며들어오는 것을 막는 역청과 같은 믿음이 없다면 우리는 끊임없이 넘어질 것입니다. 지금 우리에게는 세상을 이겨낼 수 있는 믿음의 역청이 필요합니다. 인간의 연약함을 뚫고 들어오려는 악한 세력들과 유혹들을 막기 위해서는 진실한 기도라는 역청으로 빈틈을 막고, 하나님을 향한 열심이라는 역청으로 빈틈을 방어하며, 세상과 사람에 대한 진실한 사랑이라는 역청으로 빈틈을 지켜야 합니다. 우리 자신을 믿음이라는 역청으로 지켜내지 않으면 조금씩 스며들어오는 세상의 힘들로 인해 우리가 버텨내지 못하고, 세상의 흐름에 휩쓸릴 수밖에 없습니다.

Blessing in Disguise

 지난 성탄에 받은 크리스마스카드 가운데 아직도 내 마음속에 남아있는 카드가 있습니다. 성탄 인사와 함께 지난 한 해에 대한 감사의 마음이 담겨있었는데, 거기에 지난 한 해는 'Blessing in Disguise' 라는 말을 적어 주셨습니다. Disguise라고 하는 것은 변장 혹은 위장한다는 말이기에, 'Blessing in Disguise'라는 말은 변장된 축복이라는 말이 될 것입니다. 어떤 일을 당할 때는 좋지 않은 일처럼 느껴지지만 훗날 뒤돌아 봤을 때는 오히려 좋은 결과를 낳는 원인이 되는 일을 두고 표현하는 말입니다. 한문으로 '전화위복'(轉禍爲福)이라고 하면 이해하기 좋을 것입니다. 지난 한 해 동안 여러 일들을 많이 겪었던 집사님께서 힘이 들고, 마음 아플 때도 있었으며 또 그 일들로 인해 하나님께 항변하기도 했었지만, 시간이 지나서 보니 그 모든 것들을 통해 얻은 것은 하나님의 축복이었다는 고백이었습니다. 오히려 그런 일들을 통해 생명의 고귀함을 깨닫고, 가족들을 돌아보고 사랑할 수 있는 시간이 되었으며, 힘들고 고통스러운 일들이었지만 하나님을 더욱 의지하게 하는 거룩한 기회가 되어졌을 것입니다. 이런 고백은 믿음이 있는 자들이 누리는 하나님의 은총입니다. 이 성탄카드를 받고 얼마나 마음이 기쁘고 감사한지 몰랐습니다. 믿음 안에서 그의 마음이 아름다웠기 때문입니다.

우리의 삶은 화려한 실크로드만 있는 것이 아니라, 끊임없이 높은 산과 깊은 물을 건너야 합니다. 하나님께서 이스라엘 백성에게 허락하신 가나안 땅에 가는 길은 평탄한 길이 아니라 험한 길이었습니다. 그 힘든 길을 걸어갈 때 불평도 하고, 그 길을 포기하고 싶을 때도 있었지만, 가나안 땅에 들어가서 그들은 'Blessing in Disguise'라고 고백하게 됩니다. 지금 우리가 당하고 있는 힘든 일들과 고통스러운 일들, 피하고 싶은 일들을 믿음의 눈과 마음으로 받아들여 응답해 나간다면, 시간이 지나 우리는 그 모든 십자가의 길들이 하나님의 'Blessing in Disguise'라고 고백하게 될 것입니다. 우리를 사랑하시는 하나님 앞에 우연이라는 것은 없기 때문입니다.

홀리파워(holy power)

　이념을 대결하던 냉전시대가 지나고 나라와 나라가 서로 협력하며 자국의 이익을 위해 함께 삶을 나누는 지구촌시대에 우리가 살고 있습니다. '세계에 영원한 적이란 없다'라고 했던 말들이 현실화되었습니다. 자국의 이익이라면 원수와 같이 지냈던 나라들과도 친구로 지내는 시대입니다. 자국의 이익을 위한다는 것은 다른 나라들과의 관계 속에서 살아간다는 것이며, 각 나라들은 여러 모양의 영향력을 주고받으며 지내고 있습니다.

　힘(power)을 가진 강국들은 세계 각국들을 다양한 방법으로 지배하고 있는데, 지배하는 방법을 두 가지로 나눌 수 있다고 하버드대 교수인 조셉 나이(Joseph Nye)는 말합니다. 군사력이나 경제제재 등 물리적, 강제적 힘으로 영향을 주는 하드파워(hard power)와 문화나 가치 확산, 국제교류 등 비강제적인 힘을 통해 행사하는 소프트파워(soft power)의 영향력이 있다고 합니다. 소프트파워에는 문화, 아이디어, 가치, 대외원조나 국제교류 등이 있습니다. 한국이 아시아권에 그리고 미국에 한류문화를 만들어내고 전하는 것도 일종의 소프트파워이며, 미국이 오래전 한국에 도와주웠던 원조물자나 교육 등도 소프트파워에 포함됩니다. 요즘 국제정치에서는 소프트파워와 하드파워를 적절히 결합한 스마트파워(smart power)라는 용어가 나오고 있습니다. 미국은 스마트파워 전략으로 세계와의 관계를 지배하고 있습니다.

국가뿐만 아니라 개인에게도 이 소프트파워와 하드파워 그리고 스마트파워의 영향력이 있습니다. 사람들의 삶은 관계의 연속이기 때문입니다. 이런 세상 속에서 하나님을 믿는 사람들은 의롭지 못한 하드파워의 유혹을 이겨내고, 소프트파워를 뛰어 넘어 홀리파워(holy power), 즉 거룩한 영향력을 가지고 살아가야 합니다. 이 땅에 하나님의 나라를 이루려고 하는 사람들이 거룩한 영향력, 홀리파워를 가지고 있는 한 이 세상은 희망이 있습니다. 이 세상을 변화시켜나가는 것은 하드파워도 아니고 소프트파워도 아니며, 또한 그것을 적절하게 조절해 나는 스마트파워가 아니라 하나님의 말씀대로 살아가는 사람들의 홀리파워입니다.

천국 비자

　미국에 살고 있는 대부분의 사람들은 미국에 들어오기 위해 받았던 비자에 대하여 이야기를 하면 소설 몇 권이 나옵니다. 미국에 온 지 오래되었든지 적게 되었든지 관계없이 비자를 받을 때 받을 수 있다는 확신을 가지고 인터뷰를 하는 사람들은 거의 없습니다. 그래서 학생 비자든 주재원 비자든, 가족초청 비자 등을 신청하고 인터뷰를 하게 되면 본인을 포함하여 대부분의 사람들이 초조해 했던 기억을 가지고 있습니다. 미국에 처음 올 때는 관광 비자를 받았습니다. 10일 정도 동부에 있는 미국 신학교에서 있었던 목회자 계속교육에 참여하기 위해 어렵게 교회의 허락을 받아 비자 신청을 했는데 미대사관에서 비자를 주지 않았습니다. 목회자인지라 수입을 증명하는 세금신고서가 없었고, 재산을 가지고 있는 것이 없었기에 다시 돌아온다는 것을 확신 못하겠다는 표시였습니다. 오랫동안 줄을 서서 기다리다가 인터뷰를 했는데 첫 번째 거절을 당하고 나니 화가 나기도 하고 불쾌한 마음까지 들었습니다. 마치 미국을 방문하는 것을 구걸하는 것 같아 마음이 불편했습니다. 그 후 다시 서류를 갖추고 추천

서를 받아 신청하여 비자를 받고 미국을 방문했던 기억이 새롭기만 합니다. 비자는 각국 대사관 영사들의 고유 권한입니다. 그들이 각국에서 신청한 사람들을 그들의 기준을 가지고 평가하여 자국에 들여보내느냐, 아니냐를 결정하게 됩니다. 미국대사관도 엄격하지만 외국 사람들의 대한민국 비자 신청도 만만하지 않습니다.

미국에 들어오기 위해, 한국에 들어가기 위해 많은 사람들이 비자를 받기 위해 고민하고 많은 지혜를 만들어 내는데, 천국에 들어가는 비자를 받기 위해서는 얼마나 고민하고 몸부림치는지 생각해 보게 됩니다. 천국에도 아무나 들어갈 수 있는 것이 아니기에 정확한 기준에 따라 자격을 갖춘 다음에야 비자를 받을 수 있습니다. 천국 비자의 기준은 하나님에 대한 믿음이고, 하나님 말씀에 대한 행함이라고 할 수 있습니다. 믿음이 없이 의롭고 선한 행동을 한다고 해서 비자를 받는 것도 아니고, 복음의 삶은 있지만 믿음이 없다면 천국비자를 받을 수 없을 것입니다. 그러나 천국 비자는 전적인 하나님의 권한이고, 은혜이기에 인간이 판단할 수는 없습니다.

오르막길과 내리막길

　우리 몸을 건강하게 만드는 여러 가지 방법이 있는데 그중의 하나가 걷기입니다. 작년에 다이어트를 할 때 걷는 운동을 많이 했었는데 가장 쉬우면서도 잘 되지 않는 것이 걷기입니다. 요즘은 실내에서도 걸을 수 있는 운동기계들이 있어 편리하게 운동하지만, 실내가 아닌 야외에서 할 때 제대로 운동이 될 것 같다는 생각입니다. 걷기 중에서도 산에 오르는 것은 가장 좋은 운동이라고 합니다. 산에 오르는 것은 종합적인 운동이 포함되어 있기 때문에 무척이나 유익하다고 합니다. 우리가 사는 동네에도 좋은 공원들과 높지 않은 산이 있어 게으르지 않다면 운동하기에 좋은 곳이 많이 있습니다.

　숲길은 우리의 몸과 마음이 다시 회복될 수 있는 좋은 길입니다. 어느 시인은 숲길에는 오르막길과 내리막길이 있다고 했습니다. 의미심장한 말입니다. 오르막길과 내리막길이 적절하게 이루어져 있어 인생을 깨닫게 해준다고 합니다. 건강 면에 있어서도 오르막길과 내리막길은 각기 다른 효과로 도움을 준다고 합니다. 미국 심장학회에 따르면, 오르막길과 내리막길 모두 몸에 좋다고 합니다. 내리막길을 걷는 경우 혈당이 없어지고, 포도당에 대한 내성이 증가되는데, 오르막길을 걷는 경우에는 혈중 지방이 줄어든다는 것입니다. 내리막길과 오르막길 걷기는 모두 콜레스테롤 수치를 낮추는데 효과적임이 밝혀졌다고 보고합니다.

우리 인생에는 오르막길이 있는가 하면 내리막길이 있습니다. 오르막길이 있어 힘이 들지만, 도전하는 기쁨이 있고, 내리막길은 편하게 갈 때도 있지만 낙심과 좌절을 할 때가 있습니다. 계속 오르는 것만이 최선의 삶은 아닙니다. 성경에는 성공이란 낱말이 거의 없습니다. 성공도 실패 혹은 낙심 좌절이 있을 때 기쁜 것이고 의미가 있습니다. 내리막길에서는 겸손해져서 흔들리지 않고, 오르막길을 올라갈 때는 지금 당장만을 바라보는 것이 아니라, 내일에 대한 믿음과 기대 속에서 우리에게는 다시 내리막이 있다는 것을 마음속에 간직하고 새 힘을 내어야 합니다. 우리 인생은 오르막과 내리막이 어우러져 더욱 아름답습니다.

새끼 꼬기

며칠 전 이삿짐 싸는 것을 도와준 적이 있습니다. 옷과 책, 생활도구 등을 종이박스에 넣고 테이프로 붙였지만, 한국에 보내야 하는 짐이었기 때문에 튼튼한 노끈으로 한 번 더 묶기도 했습니다. 노끈을 묶으며 어렸을 때 보았던 '새끼'가 생각이 났습니다. 합성수지의 밧줄이나 노끈이 나오기 전까지 한국사회에서는 짚으로 만든 새끼를 이용했습니다. 시골인 우리 동네에서는 가을농사철이 끝나고 농한기가 시작되면 부지런한 동네아저씨들은 이른 아침부터 저녁시간까지 짚으로 가마니를 짜고 새끼를 꼬는 일을 했습니다. 가정에서 추수를 하여 쌀을 보관하기 위한 가마니이기도 했지만, 가마니를 팔아 올리는 수입이 적지 않았기 때문이었습니다. 노련한 아저씨들의 가마니 짜는 모습은 보는 재미가 있었습니다. 가마니틀을 만든 우리 조상들의 지혜가 대단합니다.

추운 겨울이 되면 창고에서 그리고 방에서 잘 다듬은 짚으로 새끼를 꼬는 것은 흔히 볼 수 있는 모습이었습니다. 사랑방에서 동네 아저씨들이 모여 라디오를 틀어넣고 나훈아와 남진 그리고 이미자의 노래를 들으며 손에 침을 뱉으면서 손이 보이지 않을 정도로 새끼를 꼬았고, 동네 사람들의 이야기를 하며 웃음꽃을 피우기도 했습니다. 손으로 열심히 꼬았던 새끼들은 지붕의 이엉새끼가 되었고 짚신의 새끼날이 되었으며, 가마니 포장용이 되어 트럭에 실려 도시로 올라갔습니다. 뿐만 아니라 아기를 낳게 되면 집 앞에 금줄로 사용되기도 했습니다. 조금 지나 전기를 사용하는 새끼틀이 나와 대량생산을 하면서 손으로 꼬았던 새끼가 줄어들기 시작했습니다. 70년대에 들어와 각종 비닐끈이 쏟아져 나오면서 새끼는 생활권에서 밀려났습니다.

   짚은 연약하지만 짚이 모여 새끼로 꼬아지면 튼튼한 매는 줄이 됩니다. 흩어진 것을 하나로 묶을 수 있는 힘이 됩니다. 성령 안에서 하나가 되기 원하는 하나님의 사람들은 겸손과 온유와 오래 참음, 사랑과 평안의 매는 줄이 필요하다고 사도 바울은 말합니다. 겸손과 온유, 오래 참음과 사랑 그리고 평안은 연약하게 보일 수 있지만, 함께 어우러져 꼬아지면 이 세상을 이겨나갈 수 있는 큰 능력이 됩니다.

사람의 이목을 두려워하라

　삶은 선택과 결단의 연속입니다. 나에게 주어진 삶에서 무엇을 선택하고 결단하느냐에 따라 인생이 변화될 수 있고 원하는 열매를 맺을 수 있습니다. 그런데 삶의 선택과 결단을 하는 과정에서 가장 영향을 많이 미치는 것 중의 하나가 사람의 이목입니다. 나의 선택과 결단을 사람들이 어떻게 볼 것이냐의 문제입니다. 혼자 살아나가는 세상이 아니기에 사람들의 이목은 선택과 결단하는데 영향을 주고 있습니다. 예수님을 따랐던 베드로는 이천 년 전 예수님의 제자이지만, 마치 오늘을 살아가는 우리 자신들을 보여주는 거울과 같다는 생각을 해봅니다. 베드로가 예수님을 만나면서 보여주는 그의 삶의 여정은 끊임없이 삶의 도전 앞에 흔들리고 나약해지는 나의 모습을 비추어 주는 것 같습니다. 절대로 주님이신 예수님을 떠나지 않겠다던 베드로는 예수님이 유대 지도자들에 의해 붙잡혀 조롱과 수모를 당하고 있을 때 가까이까지 나아갔다가, 사람들의 이목 때문에 멀찍이 떨어져서 뒤따라갔습니다. 그가 대제사장의 집 뜰 한가운데 불을 피워놓고 있는 사람들 틈에 끼어 있을 때, 한 하녀가 베드로에게 "당신도 예수와 함께 있었지요"라고 말했습니다. 그때 베드로는 모른다고 부인합니다. 두 번째의 질문 앞에 다시 부인하고, 세 번째 사람이 강경하게 말했을 때, 베드로는 도무지 그를 모른다고 발뺌을 합니다. 사람들의 이목이 두려웠기 때문입니다. 사람들의 이목을 의식한 데서 나온 선택과 결단이었습니다. 그때 베드로는 주님의 눈길과 마주쳤습니다.

베드로처럼 사람의 눈길을 두려워하면서 살아갈 것이냐, 아니면 하나님의 눈길을 두려워하면서 살아갈 것이냐의 선택과 결단이 매일 매일 우리에게 주어지고 있습니다. 사람의 이목은 언제 어디서나 함께할 수 없지만, 하나님의 이목은 우리가 어느 곳에 있든지, 어느 시간에 있든지 항상 우리를 바라보고 계시다는 것을 확실히 깨닫고 알고 있다면, 나약한 삶을 살아갈 수는 없을 것입니다.

거룩한 동업자

　자본의 동업이 아니라 사업의 역할 동업을 하고 계신 집사님과 함께 대화를 하면서 세상의 동업에 대한 이야기를 나눌 기회가 있었습니다. 동업을 한다는 것은 일단 쉬운 것이 아니라는 것입니다. 서로 다른 사람들이, 서로 다른 생각을 가지고 공동의 이익을 위해 함께 일하는 것이기 때문에 끊임없이 갈등하게 되고, 갈등이 계속되어지면 동업이 깨진다는 것이었습니다. 그러나 동업하는 사람들이 공동의 이익을 위해 서로를 존중하고, 서로 다름을 인정하면서, 상대방을 배려한다면 좋은 파트너의 관계를 가지고 혼자 할 때보다 더 큰 공동의 이익을 낼 수 있다는 것입니다. 중요한 것은 서로 다름에 대한 입장이었습니다. 생각과 마음 그리고 지향성, 방법에 있어 서로 다르기 때문에 부딪칠 수 있지만, 서로 마주보며 공동의 이익이라는 목표를 향하여 앞을 바라보고 함께 나간다면 무슨 일이든지 성공하게 된다는 것에 공감했습니다. 서로의 다름을 인정하고 받아들인다는 것은 자기중심의 삶을 사는 살아가는 사람들에게 힘든 일이지만, 서로의 다름을 인정하고 존중하고, 욕심을 갖지 않고 부족함을 함께 채워나간다면 훨씬 능력 있는 삶을 살아갈 것입니다.

    결혼한 부부도 마찬가지입니다. 공동의 이익이자 목표인 가정이라는 가치, 가정이라는 행복을 위해 금성에서 온 남자와 화성에서 온 여자가 함께 복된 동업을 해나가는 것입니다. 서로의 다름이 있지만, 그것을 인정하고 오히려 서로 다름을 장점으로 여겨 앞을 보고 나간다면 그 가정은 두 사람과 자녀들에게 복된 가정이라는 열매를 맺게 해 줄 것입니다. 서로 다름을 인정하지 않고 내 기준에 의해서 다른 사람들을 평가하면 갈등이라는 평행선의 연속이 될 것입니다.

    교회는 하나님의 백성이라는 믿음의 사람들이 하나님 나라라는 공동의 선한 목표를 위한 모인 거룩한 동업 공동체입니다. 서로 다른 사람들이 모여 생각과 삶의 방식이 다르지만, 하나님 나라와 구원이라는 한 목표를 향해 눈길을 돌린 사람들입니다. 그 목표를 향하지 않으면 끊임없이 서로의 다름을 보게 되어 교회공동체는 약화되는 것입니다. 우리는 거룩한 동업자입니다.

회복탄력성

　예외가 있긴 하지만 인간 삶에 있어 귀한 열매는 저절로 맺어지는 것이 아니라 수많은 시간 동안 자기와의 싸움에서 이긴 사람들에게 주어지는 결과요 선물이라고 할 수 있습니다. 누군가 이렇게 말합니다. 성공은 어려움이나 실패가 없는 상태가 아니라, 역경과 시련을 극복해낸 상태라고. 역경과 시련을 극복한 자에게만 성공이 있다는 말입니다. 김주환 교수는 떨어져본 사람만이 어디로 올라가야 하는지 그 방향을 알고, 추락해 본 사람만이 다시 튀어 올라가야 할 필요성을 절감한다고 말합니다. 결국 바닥을 쳐 본 사람만이 더욱 높이 날아오를 힘을 갖게 된다는 것입니다. 이것을 전문가들은 회복탄력성(resilience)이라고 합니다. 전문가들은 위대한 인물들을 이야기할 때, 왜 하나같이 역경을 극복하고 위대한 인물이 되었을까 질문합니다. 그들이 내린 결론과 비밀은 위인들은 역경에도 '불구하고' 위인이 된 것이 아니라, 역경 '덕분에' 위대한 업적을 이룰 수 있었다고 정리합니다.
　수영장의 다이빙에 있어서 중요한 것은 스프링보드입니다. 스프링보드의 탄력을 이용하여 점프를 높이 한 후에 짧은 시간 동안 바른 자세를 가지고 물에 잠수하는 것입니다. 여기에서 중요한 동작은 점프인데, 그 점프를 위해 스프링보드를 힘차게 구른다는 것입니다. 스프링보드를 아래쪽으로 힘차게 구를수록 더 높이 올라가게 되어 있습니다. 마찬가지로 인간의 경우에도 그 자리에 서 있는 자세에서 시작하는 것이 아니라, 스프링보드와 같이 아래로 내려가는 힘이 강할수록 높이 올라간다는 것입니다. 회복탄력성을 말하는 전문가들은 역경이 바로 사람을 더욱 더 강하게 튀어 오르게 하는 스프링보드 같은 역할을 한다는 것입니다.

때로는 건강의 문제로, 가정의 문제로 혹은 경제적인 문제로 바닥에 떨어지는 고통을 당할 때가 있습니다. 그런 때일수록 그 힘듦과 역경을 절망으로 받아들이는 것이 아니라, 내 삶을 위한 스프링보드로 생각하고 회복탄력성의 에너지를 이용하여 도전하고 담대하게 맞서나간다면, 하나님은 우리가 생각하지 못한 땅으로 인도할 것입니다.

시들은 국화꽃

가을의 아름다움은 붉게 물들어 가는 단풍잎과 노랗게 물들어가는 은행나무 잎 그리고 오색찬란하게 갈아입은 길가의 나뭇잎에서 시작됩니다. 거기에 또 하나의 아름다움을 주는 선물이 있다면 저는 국화라고 생각합니다. 시골 우리 집 마당에는 수많은 종류의 국화꽃들이 피었습니다. 꽃을 좋아하시는 어머님은 틈나는 대로 국화를 심고 다듬어 가을이 되면, 여러 종류의 국화꽃들이 시골집을 예쁘게 단장했습니다. 가을이 되면 부모님이 계신 시골집의 국화꽃이 보고 싶습니다.

얼마 전 토요일 저녁 찬양집회가 있었습니다. 미국 교회에서 한 주일 전에 선교행사가 있어 국화 화분 여러 개가 강대상 앞 성찬대에 장식되어 있었습니다. 그런데 한 주일 지나고 나니 물을 주지 않아서 그런지 대부분의 국화꽃이 괜찮은데 두 개의 화분에 있는 꽃들이 말라 죽어가고 있었습니다. 시들은 꽃보다 추한 것이 없기 때문에 찬양집회가 끝나고 다시 제단을 정리하면서 쓰레기통에 버리려고 했습니다. 그것을 보던 한 집사님께서 "시들어 죽은 것 같지만 물을 충분하게 주면 다시 살아나지요"라고 말씀하시더니 들고 나가시는 것이 었습니다. 누구든지 시들은 화분은 외면하고 버리기 마련인데, 그 집사님은 국화꽃의 생명력을 믿고 있는 듯, 가만히 두면 쓰레기통에 들어가 영원히 버려진다는 아픔을 알고 있는 듯 바쁘게 정리하는 상황에서 두 화분을 들고 나가셨습니다. 시들은 국화 화분을 들고 나가시는 집사님의 모습과 그 마음씨가 정말 보기에 좋았습니다.

우리 주변에는 시들은 국화꽃과 같은 사람들이 많이 있습니다. 돈이 없어서, 가족들이 없어서가 아닙니다. 영혼이 죽어 있는 사람들, 삶의 역동성이 없는 사람들, 삶의 기쁨과 웃음이 없는 사람들 바로 그런 사람들이 시들은 국화꽃과 같은 사람들입니다. 이들을 가만히 내버려 두면 그들의 불쌍한 인생은 쓰레기통으로 들어갈 것입니다. 그러나 시든 국화 화분을 불쌍히 여기는 마음으로 그 불쌍한 영혼들에 대하여 영적 책임감을 가진다면 그들은 다시 살아나 아름다운 국화와 같은 인생을 만들 것입니다. 우리들의 따뜻한 마음, 움직일 손과 발이 필요한 때입니다.

미움을 넘어서는 사랑

올해의 6.25는 의미 있는 60주년 기념해입니다. 반세기 하고도 10년이 지났습니다. 초등학교에 다니던 어렸을 때 6.25가 가까워지는 6월이 되면 연례적으로 6.25 글짓기, 사생대회 그리고 웅변대회가 있었습니다. 지금은 많이 변했겠지만, 무찌르자 공산당으로 시작해서, 가장 최고의 적이자 원수로 북한을 지칭하고, 언젠가는 우리의 막강한 군사력으로 북한을 물리쳐야 한다는 표현을 했던 것으로 기억됩니다. 당연히 북한 사람들은 나에게는 용서할 수 없는 원수였습니다. 우리는 성장하면서 북한 사람들은 나쁜 사람들이고, 우리 남한 사람들의 많은 생명을 짓밟은 원수로 그리고 우리가 타도를 해야 하는 대상으로 교육을 받아 왔습니다. 한국전쟁 동안 가까운 가족들과 친척, 친구를 잃은 울분이 많은 사람들에게 남아있었기 때문에 넘을 수 없는 벽이었습니다. 한국 전쟁이 끝나고 사랑하는 가족을 잃은 사람들은 평생 그 한을 가지고 살았고, 빨강색만 보아도 피가 끓어오르는 울분을 느끼며 살았습니다. 당연히 북한 사람들에 대한 미움은 쉽게 사라지지 않았습니다. 출애굽을 했던 이스라엘 백성들

은 10일 정도면 갈 수 있는 거리를 40년이 지나서야 약속의 땅인 가나안 땅에 들어갈 수 있었습니다. 노예근성을 가지고 있는 히브리 민족이 바로 하나님의 땅인 가나안 땅에 들어가게 되면 노예로 살던 근성을 놓지 않을 것 같아 광야에서 40년을 보내게 하고, 그들을 이끌었던 모세, 그 상징적인 인물은 가나아 땅에 들어가기 전에 느보산에서 생을 마감하게 합니다. 새 땅을 이룩하기 위한 하나님의 배려였습니다. 40년이면 과거를 잊고, 새로운 생각을 가질 것이라 생각하신 것입니다.

이제 우리는 40년이 아니라 60년이 지났습니다. 그런데도 마음 아픈 것은 아직도 그 미움이 남아 있다는 것입니다. 북한의 민족도 우리와 똑같은 미움을 가지고 있습니다. 우리의 아픈 역사이자 현실입니다. 원수를 사랑하라고 하시고, 우리를 미워하는 자를 선대하라고 하신 주님의 말씀이 있음에도 불구하고, 때로는 우리 믿는 사람들이 그 미움의 앞자리에 서 있는 것을 보면 깊은 마음 아픔을 느낍니다. 복음을 믿는 크리스천의 삶은 미움을 넘어서는 손해 보는 사랑이어야 합니다.

가시라도 품을 수 있는 마음

    몇 년 전 이 지역에서 귀한 사역을 하다가 하나님께서 먼저 부르신 목사님의 추모예배에서 들었던 말이 아직도 마음에 남아 있습니다. 그것은 '가시라도 품을 수 있는 마음'을 가지셨다는 말이었습니다. 몇 년이 지났지만 그 말이 마음에 남아 때때로 그 말을 곱씹어 보곤 합니다. 가시라도 품을 수 있는 마음은 어떤 마음인가, 가시라도 품을 수 있는 마음은 어떻게 만들어질까, 가시라도 품을 수 있는 마음을 가진 사람들은 어떤 사람인가를 생각해 봅니다. 그 목사님과 사모님을 생각하면서 가시라도 품을 수 있는 마음에 공감해보고, 가시라도 품을 수 있었던 목사님과 사모님을 머릿속에 그려보게 됩니다.

    우리는 끊임없이 많은 사람을 만나고 함께 삶을 나누며 살아가고 있습니다. 그런데 모든 사람들이 나에게 사탕과 같이 달콤한 사람들이 아니며, 천사들과 같이 다 좋은 사람들이 아닙니다. 나와 같이 문제가 있는 사람들이고, 때로는 메마른 사람들이며, 그중에는 심한 상처와 아픔 때문에 다른 사람을 인정하지 못하고, 끊임없이 믿지 못할 적과 같이 생각하며 살아가는 사람들도 있습니다. 항상 좋은 사람들과 살아갈 수 있으면 좋으련만 그렇지 않습니다. 이때 이런 문제 있는 사람들에게 어떤 마음을 가지고 삶을 나눌 것인가가 믿음을 가진 사람들의 관심인데, 저는 이때 '가시라도 품을 수 있는 마음'을 머릿속에 떠올리게 됩니다. 모든 사람이 가시라도 품을 수 있는 마음을 가지고 있다면, 더 아름다운 세상이 될텐데 하는 꿈을 가지게 됩니다.

가시라도 품을 수 있는 마음을 가지신 분이 우리 예수님이십니다. 예수님은 가시라도 품을 수 있는 마음을 가지고 계셨기에 많은 문제를 가지고 있는 수많은 사람들을 보듬어 주실 수 있었고, 그들을 진정 사랑하실 수 있었으며, 그 마음을 가지고 계셨기에 십자가에서 돌아가시면서까지 그들을 구원해 주셨던 것입니다. 우리가 예수 그리스도를 믿는다는 것은 가시라도 품을 수 있는 마음을 가지신 예수님을 닮아가고 따른다는 것이며, 예수님처럼 문제 많은 사람들을 사랑한다는 것입니다. 가시라도 품을 수 있는 마음, 그 마음을 담고 싶습니다.

즐겁게 일할 수 있는 방법

　어떤 일을 하면서 즐겁게 일할 수 있느냐, 그렇지 못하느냐는 어떤 마음을 가지고 하느냐에 달려있습니다. 힘들고 많은 일을 하더라도 즐거운 마음으로 하면 힘이 별로 들지 않지만, 가벼운 일이라도 즐겁지 못하면 힘이 드는 것이 우리의 삶입니다. 추수감사절 저녁은 가족들이 함께 모여 감사절 식사를 하는 축제의 날입니다. 흩어졌던 가족들이 모이고, 바빠서 함께 식사하지 못했던 가족들이 칠면조(turkey) 고기를 먹으며 사랑과 정을 나누는 귀한 시간입니다. 매년 추수감사절 목요일 저녁은 청년들과 가족 모임이 없는 가족들을 초청하여 감사절 식사를 했습니다. 올해에는 가족 모임이 없는 청년들과 신학교 신학생들을 초청했습니다. 매년 그러하지만, 저녁 칠면조 고기를 먹으려면 낮 12시 정도부터 불을 피워, 챠콜 그릴에 5시간 정도를 굽게 됩니다. 칠면조를 굽는 방법이 많은데 우리 집은 전통적으로 챠콜에 구웠습니다. 잘 굽기 위하여 시간마다 칠면조를 이리저리 돌리면서 손님들을 기다리게 됩니다. 집사람은 전날부터 칠면조 고기를 재우고, 12시 정도부터 손님들이 모이는 6시까지 거의 쉬지 않고 이것저것 요리를 합니다. 식사와 모임이 끝난 다음 정리가 끝나니 거의 12시가 되었습니다. 그렇게 감사절을 보냈습니다.

다음날 집사람과 앉아 감사절 식사에 대한 이야기를 하며, 항상 감사절 식사를 준비하는데 많은 시간을 쓰고 힘이 들긴 하지만, 왜 우리는 그것을 즐길 수 있는가를 나누었습니다. 그것은 누가 시켜서 하는 것이 아니라 삶과 사랑을 나누고자 하는 자발성과 새로운 메뉴를 시도하고, 일하면서 음악도 듣고 이야기를 나누는 즐거운 환경을 만들기 때문이라는 데 의견을 모았습니다. 감사절 식사만 그런 것이 아닙니다. 내가 좋아서 자발적으로 하는 것은 일을 즐길 수 있는 가장 좋은 방법으로 끊임없이 새로운 것을 시도하고, 함께 일하는 사람들이 즐겁게 일할 수 있는 환경이 된다면 어떤 힘든 일도 즐길 수 있게 됩니다.

5부

함께 가자 우리 이 길을

함께 가자 우리 이 길을

학교 다닐 때 김남주의 시에 붙인 노래 '함께 가자 우리 이 길을'이란 노래를 열심히 부른 적이 있었습니다. 그런데 이번에 '이야기가 있는 작은 음악회'를 함께 준비하고 마무리하면서 문득 그 노래가 생각이 났고 때때로 흥얼거리는 나 자신을 볼 수 있었습니다.

함께 가자 우리 이 길을. 셋이라면 더욱 좋고 둘이라도 함께 가자. 앞서 가며 나중에 오란 말일랑 하지 말자. 뒤에 남아 먼저 가란 말일랑 하지 말자. 둘이면 둘, 셋이면 셋, 어깨동무하고 가자.

지난 한 달 동안 우리는 이 지역사회를 위한 선교프로그램으로 '이야기가 있는 작은 음악회'를 준비해 왔습니다. 부족함이 있었지만 무대에 불이 들어왔던 지난주일 저녁, 사람이 만드는 행복과 하나님이 주신 행복을 아름답게 이야기하고 감동스럽게 노래했습니다. 찾아온 사람들이 기뻐했고, 이 행사를 위해 준비한 우리들이 즐거웠기에 작은 행복을 느꼈던 밤이었습니다. 큰 행복이 아니라 작은 겨자씨와 같은 행복이었습니다.

　한국 사람들의 문화가 부족한 우리 지역을 위해 만들었던 '이야기가 있는 작은 음악회'는 계속 되어질 것입니다. 우리 교회의 비전인 지역선교의 일환이기 때문입니다. 목회자로서 무엇보다도 감격하고 기뻤던 것은 이번 작은 음악회를 준비하면서 함께 마음과 손길을 모았던 과정이었습니다. 준비팀장을 중심으로 자신들이 맡은 일을 불평하지 않고 기쁨으로 감당하고, 자주 모여 지혜를 모았습니다. 마지막 일주일은 무대에 오르는 팀들이 매일 모여 연습하고, 포스터와 초청장 그리고 초청편지를 늦은 시간까지 함께 만들었습니다. 힘들고 때로는 지치기도 했지만 참으로 아름다운 모습이었습니다. 우리 교회는 겉으로 보기에는 작은 교회지만 속으로는 큰 교회라고 당당히 말하고 싶습니다. 큰 교회들이 할 수 없는 일들을 우리들이 함께 만들었기 때문입니다. 우리 모두에게 뜨거운 박수를 보냅니다. '

　가로질러 들판 산이라면 어기어차 넘어주고. 사나운 파도 바다라면 어기어차 건너주자. 네가 넘어지면 내가 가서 일으켜주고. 내가 넘어지면 네가 와서 일으켜주고. 산 넘고 물 건너 언젠가는 가야할 길.

나비효과

며칠 전 '나비효과'라는 영화 제목의 뜻이 궁금하여 자료를 찾아보니 기상학에서 나온 용어라는 것을 알게 되었습니다. 1963년 기상학자인 에드워드 로렌츠라는 사람이 주장한 가설로 뉴욕의 센트럴 파크(Central Park)에 있는 나비의 날갯짓이 다음 해 중국에 태풍이 될 수 있다는 것입니다. 나비의 날갯짓처럼 작은 변화가 폭풍우와 같은 커다란 변화를 유발시킬 수 있다고 하는 재미있는 현상에 대한 말입니다. 아주 작은 원인이 결국은 커다란 결과로 발전해 나갈 수 있다는 것을 설명해 주는 이 용어는 기상학에서 뿐만 아니라 우리 삶의 모든 영역에서 적용될 수 있음을 생각하게 됩니다.

며칠 전 LA에서는 커다란 기차 사고가 있었습니다. 아침 출근길에 승객을 가득 실은 통근열차 2대와 화물열차가 연쇄 충돌해 11명이 사망하고 180여 명이 부상하는 큰 사고였습니다. 처음에는 테러가 아닌가 우려하고 조사했는데 몇 시간 후 밝혀진 원인은 참사의 규모에 비해 너무 단순했습니다. 20대의 라틴계 남성이 자살을 하겠다고 철로에 차를 세워둔 것이 발단이었습니다. 아침에 차를 몰고 철로로 나오기까지 그의 인생여정은 순탄하지 않았습니다. 10대 중반부터 절도와 마약소지 등의 혐의로 여러 번 체포된 경력이 있고 마약을 상용했던 것으로 알려졌습니다. 그런 삶의 상황이었기에 자신의 가정이 온전하지 못하여 아내와 별거에 들어갔고, 지난달부터 접근금지 명령으로 아이들도 만날 수 없게 되었다고 합니다. 철저하게 홀로 남게 된 그는 차를 몰고 철로에 서게 되었던 것이고, 자신은 막판에 뛰어내렸지만 수많은 사람들의 생명을 잃게 만들었던 것입니다.

열차 충돌사고는 한 가정의 파탄이 만들어낸 비극적인 사고였습니다. 나비효과에서와 같이 한 사람의 잘못된 삶이 원인이 되어 수많은 생명을 빼앗고 그들의 가족을 평생 아프게 하는 큰 폭풍이 되었던 것입니다. 나비의 모든 작은 날갯짓이 큰 폭풍을 만들어 내는 것은 아닌 것처럼, 열악했던 그 청년과 같은 삶이 항상 비극의 폭풍을 만들어 내는 것은 아닙니다. 그러나 평생 죄책감에서 살아야 하는 그 청년의 지난 시간 가운데 가족이든 친구이든 교회이든 누군가 끼어들어 그의 삶에 영향을 주었다면 그 청년에게도, 희생당한 사람들과 가족들에게도 비극은 막을 수 있었을 것입니다.

버팀목

　제가 어렸을 때 살았던 고향에서 30분 정도 버스를 타고 나가면 기차역이 있었습니다. 그 시절 특별한 날에는 기차길이 있는 그곳에 가서 우람한 모습을 하고 힘 있게 지나가는 기차를 넋을 놓고 바라보곤 했습니다. 어렸을 때는 그 기차들이 왜 그렇게 크게 보였는지 모릅니다. 시골에서 기차는 넓은 세상인 서울로 나가는 통로였기 때문에 레일이 끝없이 펼쳐진 기찻길은 미래에 대한 기대와 꿈을 갖게 해 주었습니다. 기찻길에는 레일이 있고, 레일을 받쳐주는 버팀목이 있으며, 레일과 버팀목을 감싸고 있는 자갈들이 있습니다. 레일, 버팀목 그리고 자갈들은 각기 다른 역할을 가지고 기차가 안전하게 지나갈 수 있도록 해줍니다. 그 가운데 레일을 받쳐주는 버팀목이 없다면 기차가 편안하고 안전하게 갈 수 없습니다. 큰 기차나 끝없이 펼쳐진 레일이 존재하기 위해서는 땅바닥에 붙어있는 버팀목, 자갈로 쌓여있어 사람들이 관심을 가져주지 않는 버팀목이 필요합니다. 엄청난 중량과 스피드를 가지고 있는 기차는 나아가면서 지반에 주는 충격이 클 수밖에 없는데, 그 충격을 흡수하고 완화해주는 기능이 레일 아래의 버팀목입니다. 때로는 자갈로 덮여있고, 눈이 내리면 눈으로 덮이고, 비가 내리면 물에 잠기기도 하지만, 버팀목이 흔들림 없이 레일을 붙잡아 주기 때문에 기차가 달릴 수 있습니다.

    우리 주위에는 땅바닥에 붙어 있어 잘 보이지 않지만 삶의 버팀목이 되어주는 사람들이 있습니다. 자신의 존재와 중요성을 자랑하지 않지만 버팀목과 같은 역할 때문에 다른 사람들에게 편안함을 주고, 앞으로 나가게 해주는 그런 사람들입니다. 그 버팀목과 같은 사람들은 자갈로 덮이고, 눈에 덮이고, 비에 잠기는 때도 있지만 환경에 아랑곳하지 않고 자신을 드러내지 않고 묵묵히 버팀목의 역할을 하기 때문에 다른 사람들이 편안하게 일하도록 만들어줍니다. 부끄러운 이야기지만 나 자신이 다른 사람들의 버팀목이 되어주지 못하면서 우리에게 버팀목이 되어주는 사람들이 존재하는 것도 잊고 지낼 때가 많습니다. 이제 내 곁에 있는 사람들을 묵묵히 받쳐주는 버팀목이 되고 싶습니다.

지지목

요즘 공원을 걷다보면 봄에 새로 심은 나무들을 보게 됩니다. 대부분의 새로 심은 나무들의 옆에는 반듯하게 자랄 수 있도록 지지목을 박아놓은 것을 볼 수 있습니다. 새로 심은 나무와 양쪽의 지지목은 굵은 고무밴드로 묶여 있어 나무가 옆으로 휘어지지 않고 반듯하게 하늘을 향해 자랄 수 있도록 도와줍니다. 공원에 반듯하게 뻗은 나무들은 지금은 지지목이 보이지 않지만, 이미 지지목의 도움을 받아서 성장한 것을 알 수 있습니다. 오늘은 새로 심은 나무와 고무밴드로 묶인 지지목을 물끄러미 바라보면서, 지금까지 나는 지지목과 같이 다른 사람들이 반듯하게 자랄 수 있도록 얼마나 도와주며 살았는지 생각해 보았습니다. 그러고 나서 아직도 많이 부족하지만 내가 반듯하게 자랄 수 있도록 나의 성장에 지지목이 되어주었던 사람들을 생각해 보았습니다. 부모님과 어린 시절의 선생님을 포함하여 내가 연약하여 옆으로 휘어지고 싶었을 때 내 곁에서 지지목이 되어준 수많은 사람들이 머리에 스쳤습니다. 지지목과 같은 사람들의 도움 속에서 자란 내가 지금 다른 사람들에게 온전하게 지지목이 되어주지 못한다고 생각하니 부끄럽기만 합니다.

　우리 삶의 모든 곳에는 진정한 지지목이 필요합니다. 우리들이 많은 시간을 보내야 하는 일터와 학교에는 새로 심은 나무와 같이 처음 시작하는 사람들이 항상 있기 때문에 그들이 흔들리지 않고, 옆으로 휘어지지 않도록 곁에 있어 붙잡아 주는 지지목의 역할이 필요합니다. 새로 심은 나무가 어느 정도 자라면 지지목의 도움이 필요 없게 되듯이 우리가 하는 지지목의 역할도 시간이 지나 휘어지지 않고 자랄 수 있을 때가 되면 필요 없게 됩니다. 자연과 우리 삶의 질서입니다. 성품과 정신이 반듯하게 자라야 하는 신앙생활에서도 이 지지목은 절실하게 필요합니다. 우리가 처음 주님을 알았을 때 하나님과 교회 공동체가 내 믿음과 교회 생활의 지지목이 되어 주었던 것 같이, 우리 또한 이 세상의 작은 예수가 되어 주님을 처음 만난 사람들에게 존귀한 지지목이 되어 주어야 합니다.

테레사 효과

　지금부터 정확하게 10년 전 같은 주간에 세계적으로 유명한 두 여성이 세상을 떠났습니다. 두 사람의 죽음은 세계적인 뉴스가 되었고, 모든 사람들의 큰 주목을 받았습니다. 거의 두 주 동안 신문에는 그들에 대한 특집기사로 채워졌습니다. 서로 상반된 삶을 살았음에도 두 사람의 죽음은 많은 사람들을 마음을 아프게 했습니다. 그중의 한 사람이 영국의 황태자비였던 다이아나이고, 다른 한 사람은 인도 캘커타의 마더 테레사입니다. 테레사 수녀는 평생 가난한 사람들을 위해 그들과 함께 지내다 하나님 품에 안겼고, 가정 문제가 있었던 다이아나는 터널 안에서 교통사고로 애인의 품에 안겨 죽었습니다. 영국 왕실로부터 밀려났던 다이아나는 사람들의 동정을 받아 인기가 있었지만, 테레사 수녀는 그녀의 헌신으로 인해 모든 사람들의 존경을 받았고 믿는 자나 하나님을 모르는 자들에게도 삶의 모델이 되었습니다. 다이아나의 삶은 뉴스거리가 되어 사람들의 기억에서 사라져가고 있지만, 볼품이 없었던 테레사 수녀는 사람들의 마음속에 남아 헌신과 사랑의 빛이 되어 어둡고 추운 곳을 비추어 주고 있습니다. 테레사효과(Theresa effect in Calcutta)란 용어가 있습니다. 그것은 일평생 봉사와 사랑을 베푼 마더 테레사 수녀의 이름을 따서 만들어진 것으로, 테레사 수녀와 같이 다른 사람들의 선한 일을 생각하거나 보기만 해도 신체 내에는 바이러스와 싸우는 좋은 면역 물질이 증가한다는 것입니다. 실제 봉사를 한 후에 체내 면역 기능이 크게 증강된 만큼, 테레사의 전기를 읽은 것만으로도 면역기능이 크게 향상된다는 것입니다. 참으로 의미 있는 현상입니다.

남을 위해 사는 사람, 남을 위해 자기 삶을 베푼 사람은 건강한 삶을 살아갈 뿐만 아니라 복된 삶을 살아갈 수 있고, 다른 사람들에게 의미 있는 영향을 줄 수 있습니다. 작은 예수가 되어 인도의 빈민지역에서 그들의 상처와 아픔을 싸매어 주었던 테레사 수녀와 같이, 우리 또한 삶의 현장에서 작은 예수가 되어 살아가면 우리와 함께 하는 사람들과 우리를 보는 사람들 또한 테레사 효과에 의하여 몸과 마음이 건강한 사람들로 변화될 것입니다.

숭본식말(崇本息末)

과학과 기술이 첨단으로 가는 우리 세상에서 삶의 균형을 잡고 옳은 방향성을 잡기 위해 인문학이 살아야 한다는 이야기를 많이 합니다. 과학과 기술이 인간 삶에 바르게 적용되어야 하고, 인간 삶을 넘어가는 것을 견제하기 위함입니다. 오래전부터 인문학에 관심을 갖다 우연한 기회에 도올 김용옥 선생이 오래전에 강의했던 논어 자료(60회)를 얻을 수 있어 오고 가며 듣고 있습니다. 신앙적으로 도전을 줄 때가 있지만, 그분의 입장(opinion)이고, 그런 도전으로 우리의 신앙을 새롭게 만들어 주는 것을 깨닫습니다. 해박하고 깊은 논어 강의를 하면서 현실의 우리 삶을 이야기하는 그의 뜨거운 열정이 부럽습니다.

얼마 전 강의에서 숭본식말(崇本息末)이라는 말을 했는데, 그 말이 제 마음에 아직도 남아있습니다. 스물넷이라는 젊은 나이에 요절한 왕필이 노자(老子) 전체를 압축해서 한 말입니다. 그는 젊은 나이에 노자와 논어(論語)에 대하여 주역을 할 정도로 뛰어난 사람이었습니다. 우주만물의 근본과 근원의 문제를 상당히 중요시한 사람이었는데, 삶의 본체는 '본'(本)이며, 겉으로 드러나는 현상은 말(末)이라고 합니다. 숭본식말이라고 하는 것은 쉽게 설명하면 기본을 숭상하고 기본을 잃지 않으면 현상적인 것, 말엽적인 것은 따라오게 된다는 말입니다. 또 다른 해석은 작은 것, 지엽적인 것을 벗어나기 위해서는 근본으로 돌아가야 한다는 것입니다. 노자를 설명하기 위한 글이지만, 우리 삶에 중요한 의미를 주고 있습니다.

우리 삶의 근본을 중요시하고, 현상적인 것이나 말엽적인 것에 집중하다가도 그 방향이 바르게 가고 있는지 근본을 되돌아보아야 하는데 그렇지 못한 것이 우리 시대의 삶입니다. 삶의 깊이가 약하고, 삶의 진지함이 없는 이유입니다. 우리 믿음도 마찬가지입니다. 시대의 빠른 변화 속에서 어떻게 살아가야 할지 흔들릴 때, 가장 근본이 되는 하나님의 말씀과 예수 그리스도의 복음으로 끊임없이 돌아갈 때, 우리의 삶은 바른 길로 갈 수 있다는 것을 동양학은 교훈해 줍니다.

양봉음위(陽奉陰違)

북한 사회는 사회주의와 자본주의가 함께 공존하고, 왕정정치와 현대국가 정치가 함께 공존하는 특별한 성격을 가지고 있습니다. 양면성이 공존하고 있지만, 역사적 과도기의 상황 속에서 혼란과 발전을 경험하고 있으며 세계적 흐름을 따라가기 위해 몸부림치고 있습니다. 북한 사회의 새로운 지도자가 된 김정은 군사위원장은 세계가 깜짝 놀라게 하는 사건을 발표하는데 지난해 고모부이자 정치적 측근이었던 장성택을 처형한 것이었습니다.

그때 언론에서는 북한에서 발표한 그의 죄목을 공개했는데, "오래전부터 더러운 정치적 야심을 가지고 있었으나, 위대한 수령님과 장군님께서 생존해 계실 때에는 감히 머리를 쳐들지 못하고 눈치를 보면서 양봉음위하다가, 역사적 전환기에 본색을 드러냈다"라는 것이었습니다. 양봉음위(陽奉陰違 볕 양, 받들 봉, 그늘 음, 어긋날 위)라는 것은 보는 앞에서는 순종하는 체하고, 속으로는 딴마음을 품는 것을 말합니다. 사실여부는 확인할 수 없지만, 장성택의 겉과 속이 달랐다는 것입니다. 그런데 며칠 후 중국 정부에서는 일본 정부 아베 총리의 야스쿠니 참배에 대하여 항의했습니다. 아베 총리가 야스쿠니 참배 배경을 일본의 평화 번영으로 말한 것에 대하여, 완전히 양봉음위이고, 흑백전도라고 강하게 정부 발표를 했습니다. 겉으로는 아시아의 평화와 번영을 이야기 하지만, 속은 전혀 그렇지 않다는 것이었습니다. 양봉음위는 사회주의 국가에서만 사용하는 말이 아니라, 겉과 속이 다른 모든 시대의 모든 사람들에게 적용되는 말입니다.

양봉음위라는 말을 흥미 있게 읽다가, 우리의 믿음에도 적용되는 말이라는 것을 깨닫게 됩니다. 하나님 앞에서 그의 뜻에 순종하는 것 같고 그렇게 기도도 하지만, 세상에 나와서는 어긋나고 바르지 않게 살아가는 것은 분명한 양봉음위의 삶입니다. 바리새인들이나 서기관들을 심하게 질책하신 예수님은 그들의 양봉음위의 위선을 지적하신 것입니다.

통즉불통 불통즉통(通卽不痛, 不通卽痛)

　한방에서 우리 몸의 건강상태를 알려주는 건강명언이 있습니다. 우리 몸은 정직하기 때문에 몸이 아프면 아프다고, 건강하면 건강하다는 신호를 보낸다고 합니다. 몸이 아픈 것을 느끼지 못하면 심각하게 아픈 것입니다. 그 첫 번째가 두한족열(頭寒足熱)입니다. 머리는 차가워야 하고, 손과 발은 따뜻해야 한다고 합니다. 손발이 차고, 머리가 뜨거우면 건강치 못하다고 합니다. 두 번째는 두무냉통 복무열통(頭無冷痛 腹無熱痛) 머리가 차면 아픈 법이 없고, 배가 따뜻하면 아픈 법이 없다는 말입니다. 배가 따뜻한 사람은 건강한 사람이라는 것입니다. 세 번째는 통즉불통 불통즉통(通卽不痛, 不通卽痛)입니다 통하면 통증이 없고, 통하지 않으면 통증이 생긴다는 말입니다. 통증은 기혈 순환이 원활하지 않고, 병이 있다는 신호라고 합니다. 단순한 이야기 같지만 우리 몸의 상태를 잘 알려주는 명언입니다.

　저는 세 번째 통즉불통 불통즉통을 곱씹어 생각하면서, 이 명언은 몸뿐만 아니라, 우리 삶의 현상과 문제 그리고 해결책을 알려주는 지혜임을 깨닫게 됩니다. 우리말에 '기통차다'라는 말은 기가 통한다는 말이고, '기가 막힌다'라는 말은, 기가 흐르지 않는다는 말입니다. 삶에서 사람과 사람의 생각과 마음이 통하지 않으면 소통이 되지 않아서 문제가 됩니다. 그러면 불통즉통, 통하지 않으면 통증이 생긴다는 말입니다. 가정에서도, 교회에서도 그리고 국가에서도 소통이 되지 않아서 생기는 갈등은 불신으로 발전되고, 공동체를 무너뜨리는 요인이 되는 것을 보게 됩니다.

하나님을 믿는 사람들은 하나님과 끊임없이 통하고 있어야 합니다. 하나님과 소통이 되지 않으면 불통즉통이 되어 영적인 병에 걸리고, 하나님께서 우리에게 은혜로 주신 복된 삶은 무너지게 되어 있습니다. 우리 몸과 영에 있어 통즉불통의 삶이 되도록 끊임없이 노력하고 기도해야 합니다.

지록위마(指鹿爲馬)

　매년 연말이 되면 한국의 대학교수들이 올 한해의 정치, 사회, 경제, 문화를 규정짓는 사자성어를 발표를 합니다. 교수들은 한국의 지성인들이기 때문에 그들이 발표하는 사자성어는 한국 사회를 객관적으로 보여주는 모습이라고 할 수 있습니다. 이번 해에는 '지록위마'(指鹿爲馬)를 꼽았다고 발표했습니다. 익숙하지 않은 이 사자성어는 중국사기(史記)에 나오는 것으로, 환관 '조고'라는 사람이 어린 호해를 황제로 내세우고, 자신을 반대하는 원로 중신들을 가려내기 위하여 어린 황제 앞에서 사슴을 가리켜 말이라고 했다는 것입니다. 호해가 믿지 못하고, 중신들에게 물었지만, 대부분 말이라고 답했고, 사슴이라고 답한 중신에게는 죄를 씌워 죽여 버렸다는 역사가 있습니다. 고의적으로 옳고 그름을 섞고 바꾼다는 뜻을 가지고 있으며, 윗사람을 농락해 권세를 부리거나, 진실을 조작해 남을 속인다는 의미로 쓰이는 사자성어입니다. 한국 사회의 부끄러운 현실을 보여주는 거울과 같은 모습입니다. 사슴을 사슴이라 말하지 못하는 사회의 부도덕성과 사슴을 말이라고 거짓말하는 것을 서로 인정하고 살아가는 사회의 부패성이 한국 사회에 만연되어 있다는 것을 말해주고 있습니다. 인간의 권력과 탐욕은 세상을 병들게 하는 중요한 원인입니다. 지록위마의 현실은 사람들이 배우지 못해 무식해서가 아니라, 탐욕과 물신주의에 빠진 세상이 만들어낸 병든 열매라고 할 수 있습니다.

지록위마의 현실은 정치에서만 있는 것이 아닙니다. 세상의 모든 분야에서 이루어지고 있으며, 더 강해질 수도 있습니다. 빛과 소금이 되어 세상을 변화시켜 하나님 나라로 만들어나가야 할 우리 기독교인들에게는 거대한 도전입니다. 5%의 소금이 바다를 썩지 않도록 한다는데, 한국의 기독교인들은 25%나 되는데도 지록위마라는 말이 나오는 것은 우리의 부끄러움입니다. 깨어있는 자들이 필요합니다.

잔디 깎기 부모(lawn mower parents)

얼마 전 하버드와 스탠퍼드에 동시 합격한 천재 소녀에 대한 기사가 한인 사회와 한국에까지 알려졌지만, 모두 거짓임이 드러난 사건이 있었습니다. 학부모와 학생의 지나친 기대와 과욕이 만들어낸 비극적인 현상이었습니다. 며칠 전 캐나다에서 한 베트남계 가족들 안에서 일어난 비참한 사건이 우리에게 충격을 안겨 주었습니다. 이민 온 베트남계 부모의 첫째 딸이 부모의 기대에 부응하기 위해 학력을 위조하고, 부모에게 학교에 대한 거짓말을 일삼았다가 끝내는 버티지 못하고 결국 부모를 상대로 청부살인까지 저질렀다는 것입니다. 이민생활을 하며, 자녀에 대해 지나친 기대와 간섭을 하고 있는 아시안 가족들에게 주는 경고의 소리로 들립니다. USC의 한 연구는 미국 명문대학들인 아이비리그(Ivy league)에 입학한 한국 학생들 가운데 60% 정도가 중도 탈락한다고 보고했습니다. 컬럼비아대학의 한인 명문대생 연구에서는 아이비리그에서 한국학생이 중도 탈락하는 비율이 44%로 가장 높다고 보고하기도 했습니다. 분석의 결과는 다양하지만, 가장 중요한 이유는 부모의 지나친 기대와 간섭 그리고 자녀들의 독립심 부족이라고 했습니다. 헬리콥터맘(Helicopter mom)이란 말이 있습니다. 성인이 된 자식의 주위를 헬리콥터처럼 맴돌며 입시와 성적, 취업은 물론 결혼 후에도 일일이 간섭하는 등 자식의 중요한 삶을 늘 결정하려는 엄마를 일컫는 말입니다. 자식을 가슴에 품고 다니는 지극한 부모의 마음이지만, 지나치면 헬리콥터가 아니라 자식을 폭격하는 폭격기가 될 수 있습니다. 더 심한 것은 잔디 깎기 부모(lawn mower parents)입니다. 잔디 깎기 부모란 자녀를 성공시키기 위해 자식의 학교뿐만 아니라 삶에서 자녀들의 장애물을 잔디 깎듯 해결해주는 학부모입니다. 자생력과 독립심이 약해져서 더 약한 자식들을 만들게 됩니다. 자식들은 내 소유물이 아니라, 하나님께서 맡기신 영혼입니다.

비교문화(比較文化)

　인간의 삶은 사람들과의 관계 속에서 이루어집니다. 기존의 인간관계는 직접적인 만남이나 글을 통해서 형성이 되어졌고, 그 관계가 자신을 보고 세상을 보는 통로가 되었습니다. 오랜 역사 동안 중요한 역할을 했던 사람들과 만남은 최근에 이르러 새로운 변화를 하고 있습니다. 가장 커다란 변화는 방송이고, 가장 최근의 변화는 SNS(social network service)입니다. 카톡이나 페이스북(facebook)과 같은 쌍방적인 SNS는 새로운 관계형성의 통로로 사용되고 있습니다.

　제한된 관계에서 광범위한 그리고 시간과 공간을 뛰어넘는 SNS는 장점이 있습니다. 그러나 지나친 사랑이 독(毒)이 되듯이 SNS도 때로는 불균형적인 관계형성을 하고 있습니다. 보이지 않는 사람들, 멀리 있는 사람들에게 많은 시간과 관심을 보이지만, 곁에 있는 사람들, 눈에 보이는 사람들과의 관계형성이 약해진다는 것입니다. 함께 있지만, 각자의 스마트폰으로 다른 사람들과의 만남을 하는 모습을 종종 보게 됩니다.

　또 하나의 문제는 요즘 사회문제를 일으키는 것인데, 대체로

SNS에서는 행복한 모습만을 올리기 때문에, 그것을 보는 사람들이 다른 사람들은 다 어려움을 겪지 않고, 행복한데, 왜 나는 그렇지 못한가라는 좌절을 경험한다는 것입니다. 스탠포드대학에 '오리 신드롬'(Duck syndrome)이란 말이 있습니다. 성공을 향해 물속에선 버둥거리면서도 SNS와 같은 공간에서는 행복해하는 모습을 보여준다는 것입니다. 실제 삶과 보여주려고 하는 삶의 차이에서 오는 삶의 불균형이 행복하지 못한 삶을 만들 수 있는 것입니다.

누군가 말하기를 '십일계명'이 있는데 그것은 다른 사람과 비교하지 말라는 것입니다. 자신의 삶은 중요한 것입니다. 기쁜 일도 있지만, 삶에는 힘들고, 어렵고, 고통스러우며 좌절도 있습니다. 그런 모든 것이 합해서 존귀한 삶이 되는 것입니다. 자신의 삶을 사랑해야 합니다.

편견

　미국에 살고 있는 한인들에게 기억되는 끔찍한 사건 중의 하나가 버지니아 공대(Virginia Tech)에서의 총기난사 사건입니다. 한국 국적이며 미국 영주권자인 조승희라는 학생이, 아직 구체적인 동기가 파악되지 못했지만, 2007년 4월 16일 개인적인 문제로 인해 학교에서 총기를 가지고 무차별 난사를 해서 젊은이 33명이 생명을 잃었으며, 29명이 큰 부상을 당했던 큰 사건이었습니다. 시애틀에 교육을 갔다가 아침에 식당에서 속보를 보며 마음 졸이던 때를 아직도 기억합니다.

　당시에 한인 사회는 큰 부담을 가졌습니다. 한국 국적의 영주권자였기 때문에 미국 사회에서 한인에 대한 편견이 생기고, 큰 차별이 생길 것이라 생각했습니다. 그러나 미국 사회는 기대와는 달리 조승희라는 한 사람의 문제이고, 그만의 범죄로 받아들였으며, 언론들은 한인이라는 신분을 드러내지 않기도 했습니다. 개인의 문제이지, 민족의 문제가 아니라는 관점이었습니다. 걱정하는 한인 사회에 대하여 언론이나 정치가들은 한인 사회가 민족적으로 걱정해야 하는 것은 아니라고 말했습니다.

며칠 전 프랑스 파리에서는 수니파 극단주의 무장세력인 이슬람국가(IS) 테러리스트들의 공격이 있었습니다. 극장을 비롯한 대중들이 모인 공간에서 일으킨 이 사건은 사망자만 129명이 되고, 훨씬 많은 사람들이 큰 부상을 당했습니다. 사망자들의 가족들이 평생 씻을 수 없는 고통을 가지고 살아갈 생각을 하면 마음이 아픕니다. IS 테러리스트들은 자신의 신념에 따라 목숨을 내놓고 했겠지만, 그러나 아무 죄도 없는 그들의 희생은 어느 것과도 바꿀 수 없기 때문입니다. 절대 받아줄 수 없는 방법입니다.

그러나 이런 비극적인 사건을 경험하면서 이 범인들이 무슬림, 아랍계라고 해서 무슬림이나 아랍계, 중동사람들에 대한 편견을 가지면 안 됩니다. 그들은 무슬림의 작은 한 부분이지 전체가 아니기 때문입니다. 이런 편견을 가지면 분열 속에서 갈등은 계속됩니다.

6부

나의 주인은
유대인
목수입니다

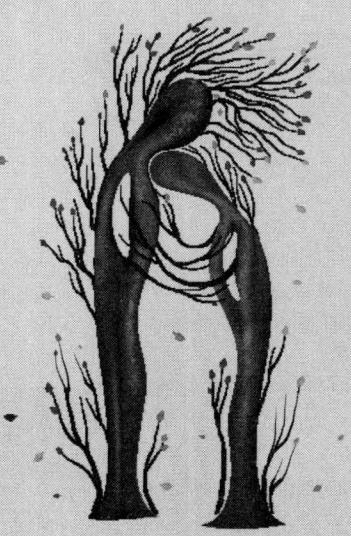

Mother Hospital

    학교를 졸업하고 공인회계사(CPA)로 일하는 Brian은 자신의 발전을 위해 어머니 되시는 정 집사님을 떠나 독립해서 살고 있습니다. 혼자 살아가다 보면 편한 것도 있지만 때로는 힘들고 어려운 일들도 있습니다. 대학 다닐 때 자취를 해본 경험이 있는 나는 Brian이 어떻게 살아가고 있는지 짐작이 갑니다. 무엇보다도 몸 상태가 좋지 않으면 혼자 있기에 제대로 먹지 못하는 문제가 있고, 힘들다고 다른 사람들에게 부탁하기도 쉽지 않습니다. 며칠 전 몸이 좋지 않았던 Brian은 집에 혼자 있으면서 제대로 먹지 않아 기력이 빠져 있었습니다. 우연히 이것을 알게 된 정 집사님은 괜찮다고 하는 Brian을 집으로 데려와 영양가 있는 죽부터 시작해서 사랑이 담겨있는 음식을 먹였고, Brian은 다시 기력을 찾아 자기 집으로 돌아갔습니다.

    Brian은 자기 집으로 돌아가면서 'Mother Hospital'에 있으면서 몸이 회복되어 힘을 얻었다고 말했고, 이 말을 들은 정집사님은 몹시 흐뭇해하셨습니다. 어머니가 해주는 음식과 사랑의 보살핌은 어느 병원이나 의사보다도 강하고 그 무엇과도 비교할 수 없는 새로운 힘을 준다는 것을 새삼 느꼈습니다. 한국에 계신 어머니가 그리워집니다.

　　Mother Hospital 이야기를 들으며 우리 교회가 교인들의 Mother Hospital이 되었으면 좋겠다는 생각을 했습니다. 일주일 동안 일터에서 열심히 일을 하다가 힘들고 지쳐 있을 때 주일 예배에 그리고 찬양기도회에 함께 모여 어머니와 같은 하나님의 사랑을 확인하면 좋겠습니다. 영적인 힘을 얻고 서로 격려하고 어려움을 함께 나누고 서로를 위해 뜨겁게 기도해 주는 그런 Mother Hospital 우리 교회가 되었으면 합니다. Mother Hospital과 같은 우리 교회에서 새로운 힘을 얻고 주님이 주신 능력을 받아 세상에 나가 담대히 살아나가면서 예수 그리스도의 이름을 드높이는 그런 삶이 우리 교회를 통해서 이루어진다면 우리의 삶은 변화되어질 것이고, 세상 사람들은 이것을 보고 새로운 눈을 뜰 것입니다.

로드맵(Roadmap)

며칠 전 집사람과 함께 가까운 목사님을 만나기 위해 Sacramento에 다녀왔습니다. 한없는 푸른 하늘과 들판을 가로질러 운전하며 함께 가면서 새로운 교회에서의 새 목회 계획들을 함께 나누고 정리할 수 있었던 소중한 시간이었습니다. 부부간의 창조적인 대화는 새로운 것들을 시작하게 해줍니다. 대체로 잘 알지 못하는 곳을 여행할 때는 항상 지도를 가지고 다니는데 그날따라 그곳의 지도가 없어 여러 차례 전화통화를 한 후에야 약속 장소에 갈 수 있었습니다. 지도의 필요성과 고마움을 새삼 느꼈던 날입니다.

미국에 처음 와서 신기했던 것 중의 하나가 지도였습니다. 너무 자세하게 그리고 정확히 만들어진 지도를 보면서 지도 없이도 마음대로 다녔던 서울에서의 생활과 비교했던 것이 생각납니다. 여행하는데 지도가 있으면 가야할 곳과 가는 과정들을 정확하게 판단할 수 있고, 옆길로 빠지지 않으며, 혹시 잘못된 길로 들어갔다고 하더라도 바로 원래의 길로 나올 수 있는 도움을 받을 수 있습니다. 요즘은 인터넷에서 주소만 입력하면 위치와 차를 타고 갈 수 있는 자세한 길을 알려주어 많은 도움을 받고 있습니다. 더우기 내비게이션(navigation)이 설치되어 있는 차들을 보면 정확한 지도와 차의 위치 표시에 놀라게 되며 친절한 안내에 따라 원하는 곳에 갈 수 있어 첨단의 삶이 주는 혜택을 누리게 됩니다.

지도는 우리로 하여금 가고자 하는 목표지와 방향에 대하여 알려주고, 진행하면서 조정할 수 있게 해주며 효율적으로 갈 수 있도록 인도해주고 있습니다. 마찬가지로 우리 개인뿐만 아니라 교회에도 이런 로드맵(roadmap)이 필요합니다. 우리 교회가 하나님의 나라라는 목표지를 향해 걸어가기 위해서는 믿음이라는 바탕의 색깔을 가지고, 사랑이라는 길로 표시된 선으로 어우러진 희망의 지도가 필요합니다. 이 지역에 생명력 있는 교회 모델을 만들어 주님의 사명을 감당하려고 하는 우리 교회는 로드맵(roadmap)을 따라 한 걸음 한 걸음 걸어갈 것입니다.

더 강하게 만드는 실패

지금에 와서는 부끄럽지는 않지만 고등학교 입학할 때에 입시 시험에서 떨어진 적이 있습니다. 서울을 비롯한 많은 도시들이 평준화되어 추첨을 했지만 제가 가고자 했던 지역은 치열한 입시를 보아야 했습니다. 추운 바람이 불던 12월, 입시를 마치고 시골집에 돌아와 낙방했다는 이야기를 들었을 때, 그날이 마침 성탄전야였는데 이불 뒤집어쓰고 쓰린 마음으로 혼자 누워있었던 모습이 기억이 납니다. 재수를 해서 그 학교에 가느냐 아니면 후기시험을 보느냐 망설이다가 한 달 후에 후기시험을 통해 입학을 했습니다. 그 이후로 시험에 떨어진 사람들의 마음과 아픔을 이해할 수 있었고, 괜히 내일처럼 느껴집니다. 힘든 경험이었지만 오히려 나를 강하게 하고 공부하는 데 정신을 차리도록 해주었다고 생각합니다.

목회를 하면서 사업을 하다 열심히 노력하는데도 사업이 기울어지거나 회사가 어려워져 해고(layoff)당하는 교인들을 종종 보곤 합니다. 세상 끝난 것 같고 앞으로 어떻게 해야 할지 고민하는 사람들을 보면 내 문제같이 느껴집니다. 그러나 이런 힘든 실패를 통해 더 강하게 될거야 라고 마음에 위로를 하며 그들을 위해 절실하게 기도하게 됩니다.

　가장 좋은 악기는 아주 높은 산꼭대기에서 모진 풍파를 오랫동안 견디어낸 나무의 북쪽가지를 잘라서 사용한다고 합니다. 그래야 재질도 단단하고 그윽한 소리가 만들어진다고 합니다. 의학계에 크게 공헌했던 606호 페니실린은 605번의 쓰라린 실패가 있은 후에 찾아진 성공이었습니다. 찬란한 바다에서는 좋은 뱃사공이 만들어질 수 없습니다. 제자들이 타고 가던 배에 예수님이 계셨지만 심한 폭풍우를 만나기도 합니다. 우리 삶에 힘든 실패와 같은 폭풍우를 만난다고 하더라도 그 폭풍우에 지지 않고 헤쳐 나갈 수 있는 의지와 용기가 있다면 우리는 끝내 승리할 수 있으며, 그 모든 과정들을 통하여 강인한 사람이 만들어지는 것입니다. 실패를 두려워하지 말고 과감한 삶을 만들어 보십시오.

단순한 삶

이민가방 몇 개를 가지고 학교 기숙사에 들어가 미국 생활을 시작했고, 6개월 후 귀래와 아내 이전경이 다시 이민가방 몇 개를 가지고 들어와 우리 가족의 미국 살림이 시작되었습니다. 그로부터 8년이 지났습니다. single 기숙사, 가족 기숙사, 아파트, duplex house를 거치면서 이번에 여섯 번째 이사를 했습니다. 처음 이사할 때는 짐도 별로 없고 학교 캠퍼스 내에서의 이사였기 때문에 승용차에 짐을 싣고 차 지붕에 침대를 묶어 붙잡고 옮겼는데, 이사를 하면 할수록 짐이 계속 늘어나 U-haul차가 점점 커 가는 것을 볼 수 있었습니다.

이민가방 몇 개에서 시작한 작은 살림이 하나님의 은혜 안에서 몇 년 동안 이렇게 커진 것을 보며 이사할 때는 힘이 들지만 지금까지 함께해주시고 도와주신 하나님께 감사드렸습니다. 이번에 이사하면서 필요 없는 것을 어느 정도 정리하였는데도 짐이 적지 않았습니다. 지난번보다도 약간 더 늘어난 것을 느낄 수 있었습니다. 집안에 있는 여러 가지 짐을 묶고, 버릴 수 없어 상자에 넣어두었던 것들을 다시 꺼내놓고 하면서 왜 그리 많은 것을 가지고 살아가는지 여러 번 생각하게 되었습니다. 여러 물건들 중에서 정말 필요한 것들과 있어도 되고 없어도 되는 것들, 아예 필요 없는 것들이 함께 있음을 보게 되었습니다. 이삿짐을 묶으면서도 내가 가지고 있는 것 중에서 언젠가는 사용할 수 있지만 없어도 되는 것들을 많이 끌어안고 살아가는 모습을 볼 수 있었습니다.

이삿짐을 나르면서 삶의 단순화에 대한 생각을 종종 했습니다. 이제부터 이삿짐뿐만 아니라 내 삶을 단순화시키기 위해 필요 없는 것들을 정리하겠다는 생각을 하게 되었습니다. 내 개인적인 일들 가운데 하지 않아도 되는 것들을 다시 점검해 보고, 교회 일들 가운데서 정말 필요하지 않은 부분은 다른 큰일을 위해 선명하게 정리해야 한다는 생각을 하게 된 것입니다.

은사가 녹슬지 않게

　이삿짐을 나르면서 내 책들을 많이 옮겼던 귀래는 정말 책이 싫다고 했습니다. 왜 이렇게 많은 책을 가지고 있냐고 투덜댔습니다.
　고등학교때 독서에 심취한 적이 있었습니다. 그 당시 하숙하고 있어 책이 없었기에 가깝게 지내던 교회의 형 집에 있던 문학전집을 빌려서 밤새는 줄 모르고 읽었습니다. 대부분이 동서양의 고전이었기에 읽고 있던 내 자신이 뿌듯하기도 했습니다. 학교에서 도스트에프스키의 '죄와 벌'이라는 책의 내용에 대하여 들은 적이 있었기에 그 책을 빌려와 기대하면서 두꺼운 책을 읽어 나갔습니다. 반절 정도를 읽었는데 선생님께서 이야기하던 내용이 나오지 않아 이상하다 생각하면서 끝까지 다 읽었습니다. 다 읽은 후 그 책을 돌려주기 전에 표지를 보았는데 책제목이 죄와 벌이 아니라 적(赤)과 흑(黑)이었습니다. 책을 빌려올 때 표지의 책제목이 한문으로 적과 흑이라고 되어있었는데, 자세히 읽지 않고 단순히 한자 두개가 있어 죄와 벌이라고 생각했던 것입니다. 다시 '죄와 벌'을 빌려와 읽으면서 한문을 제대로 읽지 못했던 내 자신이 부끄럽기도 하고 웃음이 나오기도 했었습니다.

　그런 한문 실력이 요즘 다시 나오고 있습니다. 미국에 와서는 거의 한문을 쓰고 읽을 일이 없었습니다. 특별한 책이나 자료에서 한문을 이용하지만 영어 문화권인 이곳에서는 한문을 사용할 기회가 별로 없습니다. 한국에서는 한자를 자주 쓰고 사용하기에 거의 배운 것을 잊어버리지 않았는데 이곳에 와서는 거의 사용하지 않으니 점점 한자의 실력이 녹슬어 가는 것을 느낍니다. 때때로 한자를 읽긴 하지만 내가 쓰려고 하면 당황스러울 때가 한두 번이 아닙니다. 이 모든 것은 자주 사용하지 않기 때문입니다.

　하나님은 우리에게 선한 일을 위해 각자에게 은사를 선물로 주셨습니다. 주어진 은사를 잘 사용하는 사람들은 더욱 빛이 나고 다른 사람들에게 힘과 용기와 희망을 주지만, 귀한 은사를 사용하지 않고 가지고만 있다면 내 한문 실력처럼 녹슬어 언젠가는 아예 사용하지 못할 때가 오게 될 것입니다. 하나님께서 자신에게 주신 은사들을 사용하지 않으면 하나님은 기뻐하지 않으실 것이고, 있는 것마저 빼앗으실 것입니다.

새로운 습관, 새로운 삶

　새 집으로 이사를 하고 나서 때때로 혼자 웃으며 집으로 운전을 하곤 합니다. 새로 이사한 집과 전에 살던 집이 멀지 않기 때문에 거의 비슷한 길로 가게 되어 있습니다. 그런데 멀리 나갔다가 집으로 돌아올 때 아무 생각 없이 운전하다 보면 옛날 집으로 운전을 하고 가는 내 자신을 발견하곤 합니다. 그때마다 웃으며 거의 가서는 차를 돌려 새 집으로 향합니다. 그런 일이 있은 후에도 며칠 동안은 정신 없이 운전을 하다보면 옛날 집으로 향하고 있다는 것을 알고는 슬며시 웃으며 운전대를 돌리곤 했습니다.
　일주일 정도 지나고 나서는 아무 생각 없이 운전을 해도 이젠 새 집으로 오는데, 집사람도 그런 경험이 있다고 이야기를 했습니다. 오랫동안 살았던 집이고 익숙하게 무의식적으로 다니던 길이었기 때문에 그런 일들이 일어났다고 생각합니다. 그 길이나 집에 깊은 정이 들어서 그런 것이 아니라 오랜 익숙함과 편함이 있었기에 아무 생각 없이 운전하다 보면 그 길을 향한 것이었습니다.
　새로운 삶을 살아간다는 것은 옛것을 버리고 새 길을 택하는 것이라고 할 수 있습니다. 새로운 습관을 가지고 살아간다는 것은 옛 습관을 버리고 또 다른 새 습관을 갖는 것입니다. 믿음 안에서 회개한다는 것은 하나님 말씀 안에서 바르지 않은 길을 되돌아서서 올바른 길, 원래의 길을 걸어가는 것입니다. 그러나 새로운 습관, 새로운 삶 그리고 믿음 안에서 거듭남이 있다고 하더라도 정신을 차리지 않으면 무의식중에 옛 습관, 옛 생활, 회개하기 이전의 생활로 되돌아갈 수 있다는 것입니다. 옛 생활의 모습이 우리에게는 편하고 익숙하기 때문입니다. 또한 우리는 그만큼 연약한 사람들이기 때문입니다. 새로운 삶이 적응되기 전에 무의식중에 그런 옛 모습이 나 자신도 모르는 사이에 나올 수 있지만 그러할 때마다 마음을 가다듬고 결심을 새로이 할 때 무의식중의 옛 습관이 무의식중의 새 습관으로 변하게 될 것입니다. 무의식중에 나오는 삶의 모습들이 건강해질 때 하나님은 기뻐 맑은 미소를 지으실 것입니다.

용서가 가져다주는 평화

　뉴욕의 무역센터 빌딩에 고귀한 생명을 가득 품고 있었던 여객기가 강타하고, 워싱턴의 펜타곤에 여객기가 폭탄이 되어 터지고, 들판에 여객기가 추락이 되었을 때 미국의 모든 국민들은 어찌할 바를 모르고 있었습니다. 인간의 무력감과 테러에 대한 분노 그리고 고귀한 생명들을 일순간 잃어버린 비통한 마음은 어느 누구도 걷잡을 수 없었습니다. 무역센터에 연기가 치솟아 오르고 쌍둥이 건물이 무력하게 무너져 내리는 모습을 보면서 사람들은 미국이 그리고 미국의 정체성이 무너져 내리는 듯한 심정을 가지고 있었습니다. 같은 시각 어느 작은 초등학교를 방문하고 있었던 부시 대통령은 그 엄청난 보고를 받고 미국을 위해 무엇을 어떻게 해야 하나 깊은 고민에 빠졌습니다. 며칠 후 백악관에 돌아온 그는 대국민성명을 하고 비인도적인 테러는 받아들여질 수 없다는 것과 미국은 테러를 응징할 것이라고 발표를 했습니다.

　그러나 종교지도자들과 대화를 하고, 며칠 후 희생자들을 위한 추모예배에서 이렇게 말했습니다.

수많은 생명을 빼앗고 미국을 가슴 아프게 만들었던 9.11테러를 우리는 절대 잊지 않을 것입니다. 그러나 우리는 아랍권의 테러를 용서하겠습니다. 중동지역에서의 미국 역할에 대한 분노 때문에 이런 비참한 일들이 있었다면, 이제 진정한 중동과 세계의 평화를 위해 더 많은 노력을 해나갈 것입니다. 우리 미국은 강한 힘을 가지고 있습니다. 우리의 힘으로 중동을 응징하지 않고 용서하는 것은 하나님이 말씀하시는 평화를 사랑하기 때문입니다. 테러리스트의 만행은 절대 받아들일 수 없습니다. 그러나 용서하겠습니다. 이 용서로 인해 이 세상에 평화가 온다면 무역센터에서 생명을 잃은 사람들의 희생이 고귀한 죽음이 될 것입니다. 그들의 희생이 밀알처럼 땅에 떨어져 평화의 나무와 열매가 맺기를 바랍니다. 미국 국민 여러분, 중동국가들의 테러를 용서하도록 합시다. 그러나 잊어버리지 않도록 합시다.

대통령의 이 연설에 중동 국가들을 포함한 세계는 뜨거운 박수를 보냈고 평화가 동트기 시작했습니다. 그러한 꿈을 그려봅니다.

다양한 은사

우리가 예배드리고 있는 Raynor Park 교회에는 네 교회가 예배를 드리고 있습니다. Raynor Park교회, American Filipino교회, Orchard Valley교회(영어권 아시안) 그리고 새하늘우리교회가 있습니다. 우리 교회를 제외한 교회들은 오전에 예배를 드리기 때문에 우리가 왔을 때는 예배가 끝나 대부분 집에 가지만 그래도 남아 있는 사람들은 만날 때 서로 따뜻한 인사를 나누게 됩니다. 몇 주 전 예배를 준비하다 복도에 앉아 있었는데 교회벽에 전에 보지 못했던 배너가 있는 것을 보았습니다. 그 배너에는 "There are varieties of gifts but the same spirit"라고 쓰여 있습니다. 우리에게는 다양한 은사들이 있지만 같은 하나님의 영에 의한 것이라는 말입니다. 전에 보지 못했던 그 글을 읽으면서 다양성 가운데 통일성을 생각하게 되었습니다.

우리의 얼굴이 서로 다르듯이 우리에게 주신 은사 혹은 능력은 서로 다릅니다. 어느 집사님은 찬양에 은사가 있고, 누구는 교인들을 위해 음식을 잘하는 은사가 있고, 어떤 교우들은 다른 사람들을 위해 기도하는 은사를 가지고 있습니다. 이 모든 은사는 하나님께서 각자에게 뜻이 있어 선물로 주신 것입니다. 그 은사는 모든 사람들이 받는 것은 아닙니다. 선한 사람들이 모두 받을 수 있는 복은 아닙니다. 이 은사는 하나님의 필요에 의해서 또한 하나님의 영광을 위해서 쓰임 받기 위한 것입니다. 어떤 사람에게 뜻이 있어 재물에 대한 은사를 주었다면 그 은사는 자신을 위해서 쓰는 것이 아니라 하나님과 하나님이 사랑하시는 세상을 위해서 쓰임 받을 때 살아나는 것이고, 하나님은 그 은사를 계속 주실 것입니다. 이와 같이 모든 사람들이 가지고 있는 은사는 다르지만 중요한 것은 이 다양한 은사를 주시는 분은 같은 하나님이라는 것입니다.

우리교회의 한 사람 한 사람에게 하나님은 각기 다른 은사를 주셨습니다. 각기 다른 서로의 은사를 인정하고 존중해줄 때 그리고 자신의 은사를 마음껏 사용할 때 하나님이 기뻐하시는 주님의 공동체가 될 것입니다.

교육목회의 기쁨

며칠 전 서울에서 전도사로 목회를 할 때 가르쳤던 제자로부터 이메일이 왔습니다. 너무 오랜만이었기 때문에 반갑기도 했지만, 많은 시간이 흘렀음에도 나를 기억해준 그 친구가 오래전 서울의 가을을 기억하게 해주었습니다. 그때 교육부에서 유년부 아이들부터 대학생들까지 담당하는 교육목회를 한동안 했습니다. 신학교를 졸업한 후 첫 번째 목회지였고, 애들을 좋아했던 나는 그들과 많은 시간을 보내며 창조적인 생각과 기쁨을 함께 나누었습니다. 그들을 가르치던 선생님들과는 오히려 친구 사이라고 할 정도로 가까이 지냈습니다. 그때의 아이들이 벌써 대학을 졸업하고 애들까지 낳아 서울에 갔을 때 자랑을 했습니다.

한국의 고등학생들은 대학입시 때문에 푸른 하늘을 보기 어렵습니다. 이른 아침부터 오후 늦게까지 수업과 보충수업을 하고, 과외를 받고 독서실에서 공부하기 때문에 주일예배에 나오는 것도 부담스러워했습니다. 가을이 되면 고3 아이들은 오랫동안의 입시준비와 긴장으로 지쳐있게 됩니다. 그 지쳐있는 애들, 교회도 제대로 나오기 힘든 애들을 위해 가을이 되면 내 나름대로의 심방을 했습니다. 애들이 집에 오는 시간이 거의 밤 12시인데, 애들이 지쳐 돌아오는 그 시간 집 앞에 기다리고 있다가 깜짝 놀라게 한 다음, 준비한 빵이나 과일을 함께 먹고, 기도한 후에 힘내라고 말한 후 집에 들여보냈습니다. 자주는 아니지만 애들이 많아 여러 곳을 다녔고, 교회 봉고차를 몰고 집에 늦게 들어가곤 했습니다. 지금 생각해도 목회의 낭만이 있었습니다.

이메일을 보낸 그 친구는 이런 이야기를 했습니다. "이맘때쯤이면 목사님의 사랑이 늘 생각납니다. 재수할 때 힘들었던 시절, 밤늦게 저희 집 앞에서 기다려주시고 기도해주셨던 기억은 지금도 생생하거든요. 늘 감사한 마음으로 간직하고 있습니다." 그러면서 "몸으로 보여주신 사랑은 정말 감동적이었습니다. 저도 그런 사랑을 닮아가고 싶습니다"라고 했습니다. 치과의사가 된 그는 올봄 동부에 유학을 온다고 했습니다. 내가 기도하고 함께했던 친구들이 많은 시간이 지났는데도 믿음 안에서 자신의 길을 가고 있음이 나를 진정 감동시키고 기쁘게 합니다.

스님과 구세군 자선냄비

　연말이 되면 구세군에서는 불우이웃을 돕기 위한 자선냄비 활동을 합니다. 구세군 사관들과 교인들이 추운 날씨에도 아랑곳하지 않고 많은 수고를 하여 실제 어려운 이웃들에게 많은 도움을 주고 있습니다. 1896년 샌프란시스코에서 시작되었다고 하는 이 운동은 세계적인 봉사활동이 되었습니다. 구세군의 자선냄비는 연말 그리고 성탄절의 상징이 될 정도로 많은 사람들이 참여하고 인정하고 있습니다.
　몇 년 전 한국에 이런 기사가 났습니다. 사람들의 왕래가 많은 길거리에서 구세군가족들이 자선냄비 헌금통을 놓고 종을 울리며 열심히 사람들에게 불우이웃을 돕자고 외쳤습니다. 그런데 어느 스님이 그 옆에 돗자리를 펴고 염불을 외우며 시주를 하기 시작했습니다. 지나가는 사람들이 보아도 약간 우스운 장면이었지만, 구세군 사람들은 그 스님에게 다른 곳으로 옮겨달라는 이야기를 하지 못했다는 것입니다. 기분이 좋지 않았지만 어쩔 수 없이 늦은 시간까지 한쪽에서는 종을 울리며 불우이웃을 돕자고 자선냄비 활동을 했고, 한쪽에서는 목탁을 치며 스님이 염불을 하며 시주를 받았습니다. 어느 정도 사람들의 왕래가 뜸해지자 스님이 먼저 일어났습니다. 돗자리를 걷고 나서는 돈이 들어있는 시주통을 들고 구세군 자선냄비에 와서 미소를 지으며 전부를 부어주고 떠났다는 것입니다.

 우리가 사는 세상이 이런 아름다운 모습으로 채워진다면 정말 좋겠습니다. 서로 다른 생각과 모습이 있지만 살아가는 삶의 진실이 있고 사랑이 있어 함께 나눌 수 있다면 그리고 이것을 받아들일 수 있는 넓은 마음이 있다면 이 세상은 정말 살만한 곳이 될 것입니다. 스님과 구세군 자선냄비, 전혀 다른 이미지이고 서로 받아들일 수 없다고 하는 상대적인 것이지만, 그 벽을 넘게 될 때 사람들에게 감동을 줄 수 있고, 삶에 대하여 생각할 수 있게 해주는 것입니다. 다양성 가운데 있는 일치, 일치 가운데 있는 다양성은 우리의 삶을 더욱 풍요롭게 해주고 평화의 삶을 만들어 주는 마음입니다.

실패를 두려워하지 않는 용기

　22세에 사업에 실패한 사람이 있었습니다. 23세에는 주의원선거에 낙선했고 24세에 다시 사업에 실패했습니다. 26세에는 사랑하는 사람을 잃었고 34세에 의원선거에 낙선했으며 39세에 또다시 의원선거에 낙선을 했습니다. 46세에 상원의원 선거에 낙선했고, 47세에는 부통령선거에 낙선했으며 49세에는 상원의원 선거에 또 낙선을 했습니다. 그러나 51세에 드디어 미국대통령이 되었습니다. 바로 그 사람이 아브라함 링컨입니다. 그 많은 실패가 있었지만 꿈을 버리지 않고 나아간 길이었기 때문에 미국역사에 이름을 남긴 위대한 사람이 되었던 것입니다.

　이번 주에는 미국뿐만이 아니라 세계적인 관심의 초점이 되었던 미국대통령 선거가 있었습니다. 대통령선거 제도가 약간 복잡하지만 그래도 엊그제 선거를 통하여 오랫동안의 선거전쟁을 마무리했습니다. 선거를 하면 선택되는 승자가 있지만, 항상 패자도 있습니다. 그 패자 또한 승자만큼 최선을 다해 뛰었던 사람입니다. 우리 지역에서 출마했던 젊은 한국인도 낙선을 했습니다. 선거가 끝나고 나면 승자보다는 패자에 마음이 가고, 그 다음에 어떻게 될까 관심을 갖게 됩니다.

우리 삶에는 항상 승리만 있을 수 없습니다. 계속 승리할 수만 있다면 좋겠지만, 내 의지와 노력에 관계없이 넘어질 수가 있습니다. 인간인지라 그런 일을 만나면 힘들어하고 낙심하고 좌절하게 됩니다. 초대교회에 박해가 심해지고 크리스천들을 감옥에 넣는 핍박이 있을 때 예루살렘 교회는 모두 흩어졌습니다. 유대 지도자들과 크리스천들까지 끝났다고 생각할지 모르지만 끝난 것이 아니라 새로운 역사의 시작이었습니다. 그 박해를 통해 교회는 사마리아와 아시아와 유럽에 전해진 것입니다. 새로운 일을 시작하는 사람들에게 그리고 내 자신에게 말하는 것 중의 하나는 실패를 두려워하지 말자는 것입니다. 실패를 두려워하지 않는 용기와 인내가 있을 때 새로운 역사가 쓰여질 것입니다. 이런 기회에 지역사회를 섬기고 사람을 키우려는 우리 교회가 이 지역에서 낙선한 젊은 한인 지도자를 초청하여 격려도 하고 새로운 일을 시작할 수 있도록 용기를 준다면 그에게는 새로운 시작이 될 것입니다.